학문과 과학에 뛰어난
계문의 고제,

안동
간재 이덕홍
종가

기획 경상북도 · 경북대학교 영남문화연구원 | **지은이** 권진호

경북의 종가문화 연구진

연구책임자	정우락(경북대 국어국문학과)
공동연구원	황위주(경북대 한문학과)
	조재모(경북대 건축학부)
종가선정위원장	황위주(경북대 한문학과)
종가선정위원	이수환(영남대 역사학과)
	홍원식(계명대 철학윤리학과)
	정명섭(경북대 건축학부)
	배영동(안동대 민속학과)
	이세동(경북대 중어중문학과)
종가연구팀	김위경(영남문화연구원 연구원)
	이상민(영남문화연구원 연구원)
	이재현(영남문화연구원 연구원)
	최은주(영남문화연구원 연구원)
	황명환(영남문화연구원 연구보조원)
	전설련(영남문화연구원 연구보조원)

축 · 간 · 사

경상북도에서 『**경북의 종가문화**』 **시리즈** 발간사업을 시작한 지 벌써 9년째가 되었습니다. 본 사업은 더 늦기 전에 지역의 종가문화를 기록으로 남겨 후세에 전해야 한다는 절박함에서 비롯되었고, 그간 많은 분들의 노고에 힘입어 어느새 51권의 책자가 발간되었습니다. 이러한 결실이 우리 지역을 알리는 문화자산으로 자리 잡아 가고 있어 300만 도민의 한 사람으로서 무척 보람되게 생각합니다.

경북은 한국 전통문화를 집적해 온 중심으로, 앞으로의 미래 정신문화를 선도할 정점에 자리 잡고 있습니다. 특히 옛것의 가치를 소중히 하는 전통문화의 중심에는 경북의 종가宗家가 있습니다. 우리 도에는 240여 개소에 달하는 종가가 고유의 문화를 온전히 지켜 오고 있어 우리나라 종가문화의 보고寶庫라고 해도 과언이 아닙니다.

하지만 최근 산업화와 종손·종부의 고령화 등으로 인해 종가문화는 급격히 훼손·소멸되고 있는 실정입니다. 이에 경상북도에서는 종가문화를 보존·활용하고 발전적으로 계승하기 위해 2009년부터 **'종가문화 명품화 사업'**을 추진해 오고 있습니다. 체계적인 학술조사 및 연구를 통해 관련 인프라를 구축하고, 명품 브랜드화하는 등 향후 발전 가능성을 모색하기 위해 다방면으로 노력하고 있습니다.

경북대학교 영남문화연구원을 통해 2010년부터 추진하고 있는 『경북의 종가문화』 시리즈 발간도 이러한 사업의 일환입니다. 도내 종가를 대상으로 현재까지 『경북의 종가문화』 시리즈 51권을 발간하였으며, 결과물은 관계 문중은 물론 일반인들로부터 큰 호응을 얻고 있습니다. 이들 시리즈는 종가의 입지조건과 형성과정, 역사, 종가의 의례 및 생활문화, 건축문화, 종손과 종부의 일상과 가풍의 전승 등을 토대로 하여 일반인들이 쉽고 재미있게 읽을 수 있는 교양서 형태의 책자 및 영상물(DVD)로 제작되었습니다. 철저한 현장조사를 바탕으로 하여 관련 분야 전문가들이 집필함으로써 알차게 내용을 꾸미는 한편, 개별 종가의 특징을 부각시키고자 노력하였습니다.

이러한 노력으로, 금년에는 『**영주 금계 황준량 종가**』, 『**안동 간재 이덕홍 종가**』, 『**상주 검간 조정 종가**』, 『**영덕 난고 남경훈 종가**』, 『**구미 용와 류승현 종가**』 등 5곳의 종가를 대상으로 시리즈 5권을 발간하게 되었습니다. 비록 시간과 예산상의 제약으로 말미암아 몇몇 종가에 한정하여 진행하고 있으나, 앞으로 도내 100개 종가를 목표로 연차 추진해 나갈 계획입니다. 이러한 시도는 종가 관련 자료의 기록화를 통해 종가문화 보존 및 활용을 위한 기초자료를 제공함은 물론, 일반인들에게 우리 전통문화의 소중함과 우수성을 알리는 데 크게 도움이 될 것으로 확신합니다.

한국의 종가는 수백 년에 걸쳐 지역 사회의 구심점이자 한국 전통문화의 상징으로서 역할을 묵묵히 수행해 왔습니다. 최근 유교적 가치와 문화에 대한 재조명이 활발히 이루어지고 있으며, 그 바탕에는 급격한 사회의 변화 속에서도 굳건하게 전통문화를 지켜 온 종문宗門의 숨은 저력이 있습니다. 이러한 전통을 이어받아 오늘날 경북의 정체성 확립은 물론, 미래지향적인 새로운 정신을 찾아 세계적인 정신문화로의 발전을 기대해 봅니다.

앞으로 경상북도에서는 종가문화에 대한 지속적인 조사·연구 추진과 더불어, 종가의 보존관리 및 활용방안을 모색하는 데 적극 노력해 나갈 것을 약속드립니다. 이를 통해 전통문화를 소중히 지켜 오신 종손·종부님들의 자긍심을 고취시키고, 나아가 전국의 종가를 연계하는 종가문화 네트워크 구축과 더불어 종가문화를 세계적인 명품 브랜드로 육성해 나갈 계획입니다.

끝으로 이 사업을 위해 애쓰신 정우락 경북대학교 영남문화연구원장님과 여러 연구원 여러분, 그리고 집필자 분들의 노고에 진심으로 감사드립니다. 아울러, 각별한 관심을 갖고 적극적으로 협조해 주신 종손·종부님께도 감사의 말씀을 드립니다.

2018년 11월

경상북도지사 이 철 우

지·은·이·의 말

최근 500년 이상 지속되어 온 종가문화가 현대사회에서 점점 주목을 받고 있다. 예부터 이어져 온 종가는 한 가문을 지키기 위해 노력과 희생을 마다하지 않은 숭고한 정신을 지니고, 이웃 사회의 공동체 질서를 위한 따뜻한 배려와 나눔의 인문적 가치를 실천해 왔기 때문이다.

종가문화의 숭고한 정신과 인문적 가치는 선조들의 입덕立德과 문헌을 통해 확인할 수 있는데, 그 대표적인 종가 중의 하나가 바로 안동의 영천이씨 간재종가라고 할 수 있다.

안동의 예안 분천 및 외내에 정착한 영천이씨는 농암 이현보를 비롯하여 그 아들 대와 손자 대를 전후하여 안동 지역의 명망 있는 가문으로 발전하게 되고, 또한 많은 인물들을 배출하였다. 특히 농암 이현보가 명실공히 영천이씨의 문호를 활짝 열었다면, 손자 대의 간재 이덕홍은 퇴계 문하의 고제高弟로서 영천이씨 가문을 학문을 통해 최고조로 견인하였다.

간재 이덕홍은 19세에 퇴계 문하에 들어가 12년간 퇴계 이황을 지근거리에서 모시면서 학문지결을 터득하였다. 그의 학문에 대한 독실한 자세는 스승뿐만 아니라 동문들에게도 인정을 받았다. 그래서 퇴계는 그에게 선기옥형璿璣玉衡을 만들게 하였다.

한편 38세(1578년)에 출사하여 선조 임금과 왕세자인 광해군에게 올린 두 편의 상소에는 그의 현실인식에 따른 전란 극복 방안이 고스란히 담겨 있으며, 영춘현감 시절에는 살아남으려고 허덕이는 민초들의 삶에 대한 그의 애민의식의 일단을 확인할 수 있다. 특히 임진왜란 때 건의한 귀갑선의 건조는 군사전술적인 계책 가운데서도 가장 주목되었다. 한마디로 그는 성리학에 조예가 깊었을 뿐만 아니라 병략兵略·산학算學·역법曆法에도 정통하였다. 퇴계 이황이 자字와 호號, 그리고 이름을 지어 준 유일한 제자였다.

그러나 간재 이덕홍의 학문은 아들 대에 이르러 정치적 소용돌이에 휘말려 더 이상 가학家學으로 발전해 가지 못한 측면이 있다. 뿐만 아니라 이후의 간재 후손들은 출사보다는 평생토록 고향에서 은둔하며 학문과 자기 수양에 몰두하는 삶을 살아가게 된다.

『예기』「제통祭統」에 "선조에게 아름다운 행적이 없는데도 칭송한다면 이는 사람을 속이는 것이고, 훌륭한 행실이 있는데도 알지 못한다면 이는 밝지 못한 것이고, 이것을 알면서도 후세에 전하지 않는다면 이는 어질지 못한 것이니, 이 세 가지는 군자가 부끄럽게 여기는 것이다."라고 하였다.

이렇듯 훌륭한 선조가 남긴 행적이 있는데도 알지 못하거나 후세에 전하지 않는다면, 이는 군자가 부끄럽게 여기는 바라고 할 수 있다. 이제 선조들이 물려준 소중한 정신적 가치를 뒤돌아보고, 그 정신적 가치를 종중은 물론, 지역사회에서 공유하고 소통하는 것이 우리들에게 주어진 책무라고 할 것이다.

이 책이 나오기까지는 많은 분들의 도움을 받았다. 일일이 소개를 드리지 못하지만 지면을 빌려 고마운 마음을 전하고 싶다. 먼저 간재 종가 15대 종손 이승영을 비롯한 문중 어르신의 따뜻한 배려를 잊을 수 없으며, 특히 간재 후손인 이재곤 교장 선생은 간재 선생과 관련한 다양한 자료를 제공해 주어 이 글을 쓰는 데 많은 도움을 받았다. 그리고 볼품없는 원고를 끝까지 기다려 준 경북대 영남문화연구원장 정우락 교수와 실무를 맡아 애써 준 최은주 연구원과 종가팀원들께도 미안함과 더불어 고마운 마음을 꼭 전하고 싶다.

끝으로 원석을 갈고 다듬어 정성스럽게 제품을 만들어 준 출판 관계자분들께도 진심으로 감사를 드린다.

2018년 11월

권진호

안동 간재 이덕홍 종가

목 차

축간사 _003

지은이의 말 _007

1 종가의 입지조건과 자연배경 _013

1 '영주 제일향第一鄕', 외내 마을 _014

2 가학연원과 가풍적 특징 _017

2 간재 이덕홍의 삶과 생각 _031

1 스승 퇴계 이황을 만나다 _032

2 전란 극복 방안을 제시하다 _039

3 빛나는 학문적 업적을 남기다 _053

4 스승의 언행과 동정을 기록하다—『계산기선록溪山記善錄』 _073

5 계문溪門의 고제高弟가 되다 _083

3 간재 이덕홍의 후손들 _089

1 선오당 이시와 5형제들 _090

2 영천이씨 후예들 _101

4 간재종가의 문한과 유교경관 _109

1 종가의 고문헌과 목판 _110

2 종가의 유교경관 _122

5 간재종가의 제례문화 _155

1 불천위 제례 _156

2 오계서원 향사 _168

6 종손의 삶과 생각 _177

1 종가를 유지해 오다 _178

2 종손, 다음을 준비하다 _183

참고문헌 _195

제 1 장

종가의 입지조건과 자연배경

종가의 입지조건과
자연배경

1 '영주 제일향第一鄕', 외내 마을

'외내[迂川]'는 현재의 행정구역상으로는 안동시 녹전면 원천 2리에 속하는 자연부락의 이름이다. 원래 고구려 매곡현買谷縣에 소속되어 있었으나, 신라 경덕왕 때 신라 땅으로 편입되어 선곡현善谷縣의 소재지가 되었다. 그 뒤 후삼국 통일 때 이곳 사람들이 고려에 복종하지 않자, 고려 태조가 이 마을의 주산主山인 태조봉太祖峯에 주진主陣을 두고 군장곡軍藏谷(또는 장군곡藏軍谷)에 병사를 숨긴 뒤, 일부 주민과 내통하여 현縣을 격파하고 고려에 병합시켰다. 이때 성주城主 이능선李能宣 등이 거의擧義하여 귀순한 공로로 선성宣城으로 고쳐 군으로 승격시키고 소재지를 예안으로 옮겼다. 이후 조선 중기까지는 예안현에 소속되어 있었지만 그 뒤

외내 전경

영천군榮川郡(지금의 영주) 천상면川上面으로 편입되었다가 1914년 행정구역 개편에 따라 다시 안동군 녹전면에 편입되었다.

'외내'의 '외[迂]'는 '먼' 또는 '구불구불한'이란 뜻이고, '내[川]'는 '시내'란 뜻이다. 토일천吐日川과 구천龜川이 신비롭게 마을을 감싸고 도는 외내는, 영천이씨永川李氏 습독공파習讀公派의 세거지世居地로 알려져 있다. 이곳은 풍수지리상으로 '금계가 알을 품고 있는 형상'인 금계포란형金鷄抱卵形에 해당된다고 한다. 이런 명당에 일찌감치 터를 잡은 이가 있으니, 농암聾巖 이현보李賢輔(1467–

1555)의 아우인 훈련원訓練院 습독習讀 이현우李賢佑(1470–1560)이다.

그가 예안의 영천이씨 세거지인 부내[汾川]에서 퇴계 이황이 살았던 토계촌과는 강을 사이에 두고 있는 내살미[川沙]로 분가分家하고, 흥해교수興海敎授를 지내고 병조참판에 추증된 그의 아들 이충량李忠樑(1504–1574)이 1520년경에 사직 박승장의 맏사위가 되면서 다시 이 외내 마을로 옮겨 산 이래, 그의 자손들은 수백 년간 대를 이어 모듬살이를 해 오고 있다.

조선시대에는 계문溪門의 고제高弟 간재艮齋 이덕홍李德弘(1541–1596)을 비롯하여 여섯 명의 문과 급제자, 그리고 많은 문인학자를 배출하여 예로부터 '영천榮川(현 영주) 제일향第一鄕'이라 불려 왔다. 특히 1615년(광해군 7)에 치러진 식년시式年試에서 간재 이덕홍의 여섯 아들 가운데 이립李岦(1571–1616), 이강李茳(1573–1623), 이모李慕(1582–1639)가 동시에 급제했는데, 식년시에서 3형제가 동방급제했다는 사실은 조선왕조 역사상 유일무이한 기록이라고 한다.

2 가학연원과 가풍적 특징

1) 영천에서 예안 분천으로

고려 초 평장사平章事를 지낸 고울군高鬱君 이문한李文漢을 시조로 하는 영천이씨는 후대에 이르러 이약李約을 파조로 하는 서승공파署丞公派와 이대영李大榮을 파조로 하는 영양군파永陽君派, 그리고 이중영李仲榮을 파조로 하는 울산군파鬱山君派로 나누어진다. 안동의 영천이씨는 영양군파 이대영의 6세손 이헌李軒의 후손들이다.

이대영은 영천이씨의 본격적인 흐름을 연 중시조로, 국자감 진사進士에 급제하고 신호위대장군神虎衛大將軍으로서 영양군永陽君

긍구당

에 봉해졌다. 그는 전공판서典工判書인 이득분李得芬과 이유분李有芬 두 아들을 두었고, 이득분은 보승호군保勝護軍인 이문경李文卿을 두었다. 이문경은 세 아들을 두었는데, 이송계李松桂는 문하시랑門下侍郎이고, 이송현李松賢은 판서이며, 이송려李松侶는 이부시랑吏部侍郎이다. 이송려는 사재감司宰監 주부主簿인 이일충李日忠과 감사監司인 이일근李日勤, 그리고 현감縣監인 이일장李日章 등 세 아들을 두었으며, 이일충은 군기시軍器寺 소윤少尹인 이헌李軒을 두었다.

고려 말에 군기시 소윤을 지내던 낙은洛隱 이헌李軒은 혁명이 싹틀 때에 명리名利를 거들떠보지 않고 재주와 덕을 숨기며, 스스로 안정할 계획으로 산수가 아름다운 곳을 찾아다녔다. 그리고 마침내 영천에서 안동 예안현의 사천沙川(모란)으로 이거했다가, 얼마 안 되어 다시 분천으로 옮겨서 정착하게 된다. 이때 그는 "하늘이 감추어 둔 좋은 곳으로서 주인을 기다리는구나. 저 분천 골짜기는 바로 내가 살 곳이다."라고 했다고 한다. 그래서 예안은 영천이씨 소윤공파의 입향지가 되고 이헌은 안동 입향조가 되었다.

이후 예안에 자리 잡은 영천이씨는 대대로 벼슬과 문한이 끊이지 않고 문인학자들을 배출하였다. 이헌은 이종실李宗實과 이파李坡, 이오李塢 등 세 아들을 두었는데, 이종실은 아들 대 이후 대가 끊어졌고, 이파는 의흥현감을 지내고 병조참의에 추증되었으며, 이오는 예문관직제학에 올랐으니 문임文任으로는 최고로 뽑혔다.

이파의 아들 이효손李孝孫은 관리로 진출하여 벼슬이 통례문봉례通禮門奉禮에 이르렀지만 만년에는 벼슬을 그만두고 귀향하여 노년을 보냈으며, 사후 이조참판에 추증되었다. 그는 이흠李欽(1440-1537)과 이균李鈞(1442-1540) 두 아들을 두었다. 이흠은 장년이 되어 이과吏科를 보아 의정부지인議政府知印에 배속된 뒤, 1483년(44세) 통례원인의通禮院引義에 제수되었다. 곧이어 진보현감에 임명되었지만 모친상을 당해 고향으로 돌아왔다. 1505년(66세)에는 인제현감이 되었지만 연산군의 학정으로 탄핵을 받은 이후, 다시는 벼슬길에 나가지 않았다. 그는 마음가짐이 어질고 신중하여, 관직에 있을 때나 향리에 있을 때나 그를 비난하는 자가 없었다. 1537년에 세상을 떠나니 향년 98세였다. 사후 의정부 좌참찬에 추증되었다. 이균은 자가 중지重之이고, 벼슬은 군자감 직장에 이르렀으며, 향년 99세였다.

이렇듯 영천이씨 선대에서는 충후청백忠厚清白을 전가傳家의 보물로 여겼다. 특히 군기시 소윤인 이헌의 후손들은 벼슬과 지위가 그 덕에 미치지 못하여 복지福祉를 후손들에게 물려주어, 이흠과 이균 형제는 백세의 수를 누릴 수 있었다. 농암 이현보가 옥당에 있을 때 고향으로 내려와 구로연九老筵을 베풀었는데, 그때 부친인 이흠은 94세이고 숙부인 이균은 92세였다. 이 두 형제가 번갈아 노래하고 자손들이 헌수獻壽하니, 천륜天倫의 즐거움과 풍류의 성대함이 이보다 더할 수 없었다고 한다.

이흠은 네 아들을 두었는데, 장남 이현보와 차남 이현우, 그리고 셋째 이현좌李賢佐와 넷째 이현준李賢俊이다. 장남 이현보는 문과에 급제하여 여러 관직을 거쳐 지중추부사에 이르렀고, 차남 이현우는 훈련원습독으로 예조참판에 추증되었다. 셋째인 이현좌(1473-?)는 부장部將·헌릉참봉이었고, 넷째인 이현준(1477-1552)은 찰방을 지냈다.

농암종택 전경

2) 안동 영천이씨의 문호를 열다

농암 이현보는 20세 때 당대의 대표적인 문장가였던 허백정虛白亭 홍귀달洪貴達(1438-1504)의 문하에 나아가 경전을 배웠다. 그와 교유했던 인물은 송재松齋 이우李堣(1469-1517), 안분당安分堂 이희보李希輔(1473-1548), 십청헌十淸軒 김세필金世弼(1473-1533), 충재冲齋 권벌權橃(1478-1548) 등이다. 1498년(연산군 4), 32세의 나이에 문과에 급제한 뒤 1542년 76세까지 약 44년간 연산군·중종·인종·명종 등 4대를 섬기면서 벼슬에 종사하였다. 내직으로는 예문관검열, 춘추관기사, 예문관봉교, 사간원정언, 홍문관전적, 호조좌랑, 사헌부지평, 형조정랑, 군자감첨정, 사간원사간, 예빈시부정, 사복시정, 사헌부집의, 군자감부정, 시강원보덕, 병조참지, 동부승지, 형조참의, 홍문관부제학, 우부승지, 예조참의, 형조참판, 호조참판, 지중추부사 등을 역임하였고, 외직으로는 영천군수永川郡守, 밀양부사, 충주목사, 안동부사, 성주목사, 대구부사, 평해군수, 영천군수榮川郡守(지금의 영주), 경주부윤, 경상도관찰사 등을 역임하였다. 특히 1504년(38세)에 사간원정언이 되었을 때, 서연관의 비행을 논하다가 안동의 안기역에 유배되었는데, 중종반정으로 방면되어 복직되었다. 외직으로 근무할 때는 가는 곳마다 선정을 베풀어 청백리의 표상이 되었다.

아울러 이현보의 삶에 있어서 가장 특기할 점은 효성의 실천이라 할 수 있다. 그는 어버이 봉양을 위해 7~8차례나 외직을 자청했고, 1512년 어버이의 마음을 즐겁게 해 드리기 위해 '애일당愛日堂'을 지었다. 이뿐만 아니라 1519년 안동부사 시절에는 남녀귀천을 막론하고 부내府內의 80세 이상 노인들을 초청하여 '화산양로연花山養老燕'을 베풀었고, 예안 고을의 70세 이상 노인들을 초청해 '애일당구로회愛日堂九老會'를 만들어 홀로된 아버지의 마음을 기쁘게 해 드리기도 했다. 이러한 사실들을 통해 이현보의 경로敬老와 박애 정신의 일단을 확인할 수 있겠다. 또한 이 같은 효성의 실천은 농암 가문의 아름다운 전통이 되어 후손들에게까지 영향을 끼치게 된다. 이는 그의 아들 중 이희량李希樑과 이중량李

애일당 현판

仲樑, 이계량李季樑 3형제가, 이현보가 그랬듯이 부친을 받들어 모시기 위해 일시에 외직을 청한 사실에서 미루어 알 수 있다.

한마디로 이현보에게 있어서 '효孝'는 '적선積善'과 더불어 일관된 삶의 지향이 되었다고 할 수 있다. 또한 그는 출사해서는 강직한 성품으로 매사에 최선을 다하였다. 세상을 떠난 뒤 평생 사업을 평가하여 내려받은 '효절孝節'이라는 시호가 그의 일생을 잘 요약해 준다. 자혜애친慈惠愛親을 효孝라 하고, 호렴자극好廉自克을 절節이라 했다. 아마도 조선시대를 통틀어 '효절'이란 시호를 받은 이는 이현보가 유일할 것이다.

이현보는 아들 8형제를 두었는데, 큰아들 이석량李碩樑은 일찍 죽고, 둘째 아들 벽오碧梧 이문량李文樑(1498–1581)은 문장과 기절氣節이 있었으며, 평릉찰방을 지냈다. 셋째 아들 호암虎巖 이희량李希樑(1501–1565)은 봉화현감을 지냈고, 넷째 아들 하연賀淵 이중량李仲樑(1504–1582)은 문과에 급제한 뒤 안동부사·관찰사·우승지 등을 역임하였는데, 관직에 있을 때는 청렴·충실하였고 부모를 대할 때는 효성을 지극히 하였다. 다섯째 아들 관암串巖 이계량李季樑(1508-?)은 의흥현감을 지냈으며, 여섯째 아들 매암梅巖 이숙량李叔樑(1519-1592)은 이황의 문인으로, 사마시를 거쳐 왕자사부가 되고, 임진왜란 때 의병장으로 추대되었다. 이숙량은 글씨에 뛰어나 매헌梅軒 금보琴輔(1521-1584)·춘당春塘 오수영吳守盈(1521-1606)과 함께 '선성삼필宣城三筆'로 일컬어졌다.

이렇듯 예안에 정착한 영천이씨는 이현보 이후 안동 지방의 명망 있는 가문으로 발전하였다.

3) 예안 분천에서 내살미로

이현보의 아우 이현우는 자가 국경國卿이고 호가 광헌廣軒이다. 효도와 우애가 지극하였으며, 벼슬은 훈련원습독을 지냈다. 1537년에 부친상을 당하자 형인 이현보와 함께 3년 동안 시묘살이를 했고, 분천에서 열린 속구로회續九老會에 참여하였다. 만년에 분천의 상류인 내살미[川沙村]로 옮겨와 살았는데, 이황이 다음과 같은 시를 지었다.

그윽하고 먼 내살미 이씨 어른 계신 곳,	幽夐川沙李丈居
넓은 밭에 벼 익으니 숲 언덕이 아름답네.	平田禾熟好林墟
나도 역시 이웃 삼아 서쪽 골짝 맡아 두고,	卜隣我亦專西壑
띠집 짓고 그 가운데 만권 책을 지녔다오.	茅屋中藏萬卷書

「천사촌川沙村」이라는 시이다. 내살미는 이황이 살던 토계촌과는 강을 사이에 두고 마주 보고 있는 곳이다. 아울러 그의 삶의 일단을 손자인 간재 이덕홍이 지은 『계산기선록溪山記善錄』의 기록을 통해 알아보기로 한다.

> 천사[내살미]에 있는 조부 집 사랑채 한 칸이 손님을 접대하기에 부족하므로 띠를 엮어 비를 가리고 널빤지로 난간을 넓혔다. 선생(퇴계)께서 볼 때마다 그 검소함에 감탄하여 한서암寒棲庵과 암서헌巖棲軒을 지을 때 모두 이 제도를 모방하였다. 옛집 또한 쓸쓸하였으니, 그 순박하고 검소함을 숭상함이 이와 같았다. 암서헌은 근래에 기와로 바꾸었는데, 전혀 본의本意가 아니라고 한다.

이현우의 삶은 한마디로 '순박하고 검소함' 그 자체였다. 그렇기에 이황은 그의 순박하고 검소한 태도를 높이 평가했을 뿐만 아니라, 도산서당과 종택을 지을 때도 이 같은 정신을 본받고자 했던 것이다.

또한 이황은 그의 죽음을 슬퍼하며 만시를 짓기도 하였다.

옛날 내가 돌아와 밭 갈던 날,	昔我歸耕日
비로소 공을 따라 이웃에 살았네.	從公始卜鄰
매실은 주씨 노인과 함께 먹었고,	梅同朱老喫
술동이는 장경을 맞이해 벌렸네.	樽對蔣卿陳
태산처럼 길이 장수하길 축하하고,	壽賀如山永
태고의 순박한 마음 친애하였네.	心親反古淳
갑자기 유명을 서로 달리하나니,	幽明忽相隔
해로가 부르며 수건을 적시네.	吟薤淚沾巾

전반부에서는 예전에 이웃하여 살며 함께 매실도 먹고 술잔도 기울였던 추억을 회상하고 있다. 그리고 후반부에서는 태고의 순박한 마음을 지닌 분이 장수하지 못하고 고인이 되어 유명을 달리하니 슬프기 그지없음을 묘사하였다. 이현우는 사후 예조참판에 추증되었다.

이현좌 역시 효도와 우애가 남달라 부모의 뜻을 잘 받들었다. 특히 형인 이현보가 서울에서 벼슬할 때 그는 고향에서 가정을 경영하였으며, 부모가 돌아가시자 삼 년 동안 시묘살이를 했다. 넷째인 이현준은 영주 보름골[望洞]에 거처를 옮긴 종숙인 진사 이인견李仁堅에게 출후出後하였고, 음사蔭仕로 장악원 직장·찰방 등을 역임하였다. 이상의 내용을 통해 이현보를 비롯한 4형제가 하나같이 형제간의 우애와 부모에 대한 효성을 중시하였음을 알 수 있다.

4) 예안 내살미에서 영주로

이현우는 1남 1녀를 두었는데, 아들은 이충량이다. 그는 자가 대재大材이고 벼슬은 흥해교수를 지냈으며, 사후 병조참판에 추증되었다. 이황과 가까이 살면서 매우 친하게 지냈는데, 이황이 다음의 시를 남기기도 했다.

고삐 잡고 추위 무릅쓰며 갑자기 방문하여, 竝轡凌寒忽見臨
청주 탁주 모두 내고 산새고기 안주 삼네. 酒兼淸濁味山禽

고요한 계당에 밤이 왔음을 깨닫고 보니, 悟言不覺虛堂夜
달빛은 섬돌에, 서리는 숲 속에 가득하네. 月滿前階霜滿林

「퇴계 형인 이징李澄과 민시원閔蓍元(퇴계의 질서姪壻), 이충량이 술을 가지고 계당溪堂에 갔다가 달빛을 타고 돌아왔다」라는 시의 제목을 통해 이충량이 이황과 가까이서 친하게 지냈음을 알 수 있다.

한편, 이충량은 반남박씨 박승장朴承張의 사위가 되어 영주 구룡동九龍洞(현 영주시 장수면 호문리 녹동鹿洞)으로 이거하였다. 그는 슬하에 아들 4형제를 두었는데, 이명홍李命弘(?-1560), 이수홍李壽弘, 이복홍李福弘(1537-1608), 이덕홍李德弘(1541-1596)이다.

이명홍은 자가 인중仁仲이고, 호는 곤재坤齋이다. 이황의 문인이며, 천거로 남부참봉南部參奉을 지냈고, 공조참의에 추증되었다. 어려서부터 부모에 대한 효성과 형제간에 우애가 지극하였다고 한다. 자질이 총명하고 학업에 열중하여 스승의 총애를 받았지만, 불행하게도 일찍 세상을 떠났다. 스승인 이황은 그의 죽음을 애석하게 여겨 다음과 같은 만시를 지어 위로하였다.

물 건너 서로 가까이 살면서, 隔水居相近
글 배우러 몇 번이나 왕래했던가. 鑽書幾往來
학업은 과거에 매여 있어도, 學雖科目掣
마음만은 세속의 때가 없었네. 心匪俗塵堆
병들어 청년이 일찍 죽으니, 一疾青年夭
백발의 부모님 애절하구려. 雙親白髮哀

처량하다 옛적 노닐던 곳, 凄涼舊遊處
머리 돌려 갈선대를 바라보네. 回首葛仙臺

이복홍은 자가 성중成仲이고, 호는 노운蘆雲이다. 용양위부장龍驤衛部將을 역임하고 공조참의에 추증되었다. 자품이 온아하고 효우가 뛰어났다. 약관 무렵, 백형 이명홍·아우 이덕홍과 함께 이황의 문하에 나아가 가르침을 받았다. 어느 날, 이복홍이 아우 이덕홍과 함께 절우사節友社에서 스승을 모셨는데, 이황이 매화를 보고 다음의 시를 지었다.

꽃 핀 벼랑에 봄날이 조용하고, 花發巖崖春寂寂
새 우짖는 물가 숲에 물소리 잔잔해라. 鳥鳴磵樹水潺潺
우연히 산 뒤에서 제자들을 이끌고 와, 偶從山後携童冠
한가히 산 앞에서 은자의 거처를 찾네. 閒到山前看考槃

이때 이복홍은 스승을 옆에서 모시고 있다가, "이 시에는 기수沂水 가에서 노닐던 즐거움이 있습니다. 위아래가 함께 유행流行하여 막힘이 없는 오묘함이 있습니다."라고 하였는데, 이황은 "대략 그런 뜻이 있기는 하지만 지나치게 추켜서 말한 듯하네."라고 하였다고 한다. 부모 양상兩喪에 아우 이덕홍과 6년간 시묘살이를 하였는데, 특히 이덕홍은 슬픔을 이기지 못하고 여막에서 세상을 떠나게 된다.

안동의 예안 분천 및 외내에 정착한 영천이씨는 이현보를 비

안동의 영천이씨 세계도

1세 大榮(대장군, 영양군파)
(중략)
6세 軒(소윤, 소윤공파)
7세 坡(현감) 塢(직제학)
8세 孝孫(봉례) 誠孫(진사)
9세 欽(현감) 鈞(직장)
10세 **賢輔**(지중추, 호 **聾巖**) 賢佑(습독, 습독공파) 賢佐(부장) 賢俊(찰방)
11세 忠樑(교수)
12세 命弘(참봉, 퇴계문인) 壽弘 福弘(부장, 퇴계문인) **德弘**(현감, 퇴계문인, 호 **艮齋**)

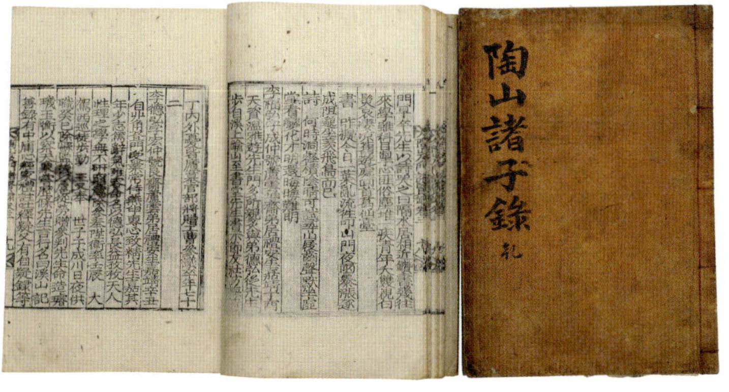

『도산급문제현록』

롯하여 그 아들 대와 손자 대를 전후하여 안동 지역의 명망 있는 가문으로 발전하게 되고, 또한 많은 인물들을 배출하였다. 특히 이현보는 명실공히 안동 영천이씨의 문호를 활짝 열었으며, 손자 대의 간재 이덕홍은 퇴계 문하의 고제高弟로서 영천이씨 가문을 학문을 통해 최고조로 견인하였다.

특히 이현보와 이황은 안동 예안의 사족士族으로, 그 선대들이 고려 말 영천과 진보로부터 각각 이거한 뒤 꾸준히 가세를 신장시켜, 예안 고을을 선점한 토성土姓인 광산김씨·봉화금씨와 더불어 이른바 예안 향내의 4대가문四大家門을 형성시켰다. 일례로 『도산급문제현록』에 등재된 인물을 성씨별로 분류해 보면, 이황의 자질子姪이 많이 포함된 진성이씨(30인)를 제외하면 안동권씨(15인)와 영천이씨(15인)가 가장 많고, 이어서 봉화금씨, 안동김씨, 의성김씨, 광산김씨 등의 순으로 되어 있음을 확인해 볼 수 있다.

이처럼 영천이씨가 족세族勢에 비해 퇴계 문인의 수에서 우위를 점하는 이유는 학문을 숭상하는 가풍에다 안동이라는 지역적인 이유도 있겠으나, 농암과 퇴계, 즉 영천이씨와 진성이씨 간의 누대에 걸친 세의와 학문적 사승관계에 힘입은 바가 크다고 볼 수 있다.

제2장

간재 이덕홍의 삶과 생각

1 스승 퇴계 이황을 만나다

이덕홍李德弘(1541-1596)은 자가 굉중宏仲이고, 호는 간재艮齋이며, 본관은 영천이다. 그는 1541년(중종 36) 10월 14일에 영천榮川(현재 영주) 남촌南村 구룡동九龍洞(현 영주시 장수면 호문리 녹동鹿洞)의 외가에서 참판參判 이충량李忠樑과 정부인貞夫人 반남박씨潘南朴氏(사직司直 승장承張의 장녀)의 넷째 아들로 태어났다. 1596년(선조 29) 2월 19일에 여막에서 별세하니 향년 56세였다.

그는 어려서부터 용모가 순수하고 온아하였으며, 다른 아이들과 장난치며 놀지 않았다고 한다. 1555년(명종 10, 15세)에 뜻을 다잡고 청량산에 가서 책을 읽었다. 3년 뒤 가을부터 성재惺齋 금난수琴蘭秀(1530-1604)에게 『고문진보古文眞寶』을 배우기 시작하였다. 금난수가 "사람의 성품은 애초에 선하지 않음이 없는데, 사욕에 빠져 본체의 선함을 알지 못하니 한탄스럽다."라고 하자, 이덕홍이 "어떻게 해야 합니까?"라고 물었다. 이에 금난수가 "『소학』을 읽으면 알 수 있다."라고 하였다. 이덕홍은 훗날 월란사月瀾寺에 머물며 『소학』을 읽었는데, 지난날을 회상해 보고 등에 식은땀을 흘렸다고 한다.

한편, 이덕홍은 19세 때 인생의 전환점을 맞는다. 금난수를 통해 평생의 스승인 퇴계 이황을 찾아가 뵌 것이다. 이때 이황은 이덕홍의 사람됨을 한눈에 알아보고 마음속으로 허락하였다. 당시 이덕홍은 총각이었기 때문에 좌우에서 그의 이름을 부르니, 이황은 "이모李某는 큰 사람이다. 장래가 매우 원대하니, 그대들은 정중하게 대우하고, 혹시라도 거만하게 대하지 말라."라며 경계시켰다. 나아가 그에게 이름과 자字를 지어 주고 '덕德' 자의 뜻은 '곧은 마음으로 행하는 것[行直心]'이라고 풀이까지 해 주었다. 실천을 강조한 것으로 보인다. 퇴계의 많은 제자들 가운데 이름과 자를 스승에게 받은 제자는 이덕홍이 유일하다. 그만큼 퇴계에게 배움의 초기부터 지극한 사랑을 받았다는 의미일 것이다. 이덕홍은 퇴계 문하에 나아간 이후 이황이 세상을 떠날 때까지 12년간 곁에서 모시면서 학문의 지결을 받았다.

1561년(명종 16)에 도산서당이 건립되자 이덕홍은 절우사節友社, 탁영담濯纓潭, 천연대天淵臺, 농운정사隴雲精舍, 암서헌巖栖軒 등에서 퇴계를 모시고 스승의 시에 차운한 여러 편의 시를 지었다. 그

도산서당

가 지은 시는 마음의 수양을 강조하거나 자연의 이치를 터득한 내용이 주를 이루고 있다. 또한 이덕홍은 퇴계를 모시고 청량산을 유람하거나 용수사龍壽寺에 머무르기도 하고, 동문과 함께 계당溪堂에서 『역학계몽』을 강론하고 『심경』의 의심나는 뜻을 질의하기도 하였다.

그런가 하면 편지를 통해서 가르침을 받기도 하였다. 21세 때 공부하는 순서의 선후를 묻는 편지를 필두로, 학문하는 자세, 기질을 변화시키는 방법, 『가례』·『소학』·『대학』·『중용』의 의문점, 구용九容과 구사九思, 『주역』의 소장消長하는 이치, 부자夫子의 호칭 문제, 복제服制 문제, 『가례家禮』와 역설曆說, 사단칠정四端七情 등의 의난처에 대해 질의하였다. 이황은 그때마다 제자의 공부를 격려하기도 하고 적실한 답변을 통해 그의 의문을 해결해 주기도 하였다.

이황은 「칠선생찬七先生贊」 및 「경재잠敬齋箴」과 「백록동규白鹿洞規」를 손수 써서 제자에게 전해 주었고, 제자는 이를 거처하는 서재書齋의 벽에 걸어 두고 스승에 대한 존모와 자신의 학문자세를 더욱 가다듬었다. 어느 날 이황이 여러 제자들과 서원에서 『심경』을 강론하였다. 이황은 편지를 보내 "강론하면서 깨우친 것이 많아 홀로 공부하면 고루하게 되고, 벗의 도움이 있으면 이로움이 깊다는 것을 믿게 되었다네. 그대와 이 즐거움을 함께하지 못한 것이 아쉽네."라고 하여, 이택麗澤의 벗이 모여 학문하는 장점과 『심경』의 강론에 제자의 불참에 대한 아쉬운 마음을 드러내었다. 한마디로 스승이 제자에 대해 지녔던 기대에 못지않게 제자 이덕홍의 스승에 대한 존모 역시 각별하였다 할 수 있다.

이즈음 간재 이덕홍의 학문자세는 동문들에게 인정을 받고 있었다. 겸암謙庵 류운룡柳雲龍(1539-1601)은 그에게 편지를 보내 "우리들 몇몇 중에 그대처럼 확고한 뜻을 세운 사람이 몇이나 있겠는가. 더욱 백배 천배의 힘을 쏟아 벗들의 바람에 부응하기 바라네."라고 하여, 학문에 독실한 이덕홍에게 큰 기대감을 나타내고 있다.

1570년(선조 3, 30세)에 이덕홍은 자신의 학문공간을 마련하게 된다. 거처하고 있는 시내 상류의 평평한 산기슭에 오계정사迂溪精舍를 지었다.

절벽 깎아 암자 세우니 버들 그늘 드리우고,	鑿壁開菴伴柳陰
시냇물 콸콸 소리 내며 앞 숲에서 쏟아지네.	溪聲瀧瀧瀉前林
여울 보는 한 가지 방법 어디에서 얻었는가,	觀瀾一術從何得
병든 이 몸 서재에서 마음 수양 해 보려네.	抱病齋居試養心

그는 이곳에서 자연의 이치를 터득하고 심성을 수양할 목적으로 정사를 지은 것이다. 그리고 정사의 건물인 관성재觀省齋, 관서헌觀書軒, 험위료驗爲寮, 활발대活潑臺, 군자당君子塘 등 당명堂名과 재호齋號는 모두 스승 이황에게 여쭈어 정하였다. 아울러 그는 여기에 대해 각각 시를 지어 자신의 학문관점과 학문의 요체를 담아내었다. 이후 오계정사는 그의 장남 선오당善迂堂 이시李蒔(1569-1636)에 의해 오계서당迂溪書堂으로 바뀌고 1691년(숙종 17)에 오계서원迂溪書院으로 승격되어, 외내 영천이씨의 현조顯祖를 받드는 제향공간인 동시에 가문의 결속을 다지고 후학들의 교육을 담당하는 공간으로서의 역할을 수행하게 된다.

이덕홍은 이황을 곁에서 모시면서 학문자세 및 학문방법 등을 배우고 학문지결을 터득해 나갔다. 그의 학문에 대한 독실한 자세는 스승뿐만 아니라 동문들에게도 인정을 받았다. 그래서 이황은 그에게 선기옥형璿璣玉衡을 만들게 하였다. 선기옥형은 천

도산서원 혼천의

상天象의 운행을 관측하던 의기儀器인데, 이것을 만들게 한 것을 통해 성리학뿐만 아니라 천체과학에 대한 이덕홍의 학문적 수준을 가늠해 볼 수 있다.

1570년 12월 2일, 스승 이황에게 병환이 있다는 소식을 들었다. 이에 계당으로 가서 스승을 뵈었는데, 12월 7일에는 스승의 병환이 점점 깊어 갔다. 이황은 서자인 이적李寂을 시켜 그에게 서적을 맡으라고 명하였다. 즉시 명을 받고 설월당雪月堂 김부륜金富倫(1531-1598)과 점을 쳐서 「겸괘謙卦」의 '군자유종君子有終'의

사辭를 얻었다고 한다. 김부륜은 책을 덮고 얼굴빛이 변하였는데, 결국 다음 날인 12월 8일에 이황은 세상을 떠났다. 이덕홍은 아버지 같은 스승을 잃은 아픔을 이기지 못하여 제자가 스승에게 입는 복인 심상心喪 삼 년을 입었다. 그런 가운데 스승에 대한 간절함이 지극하여 삭망전朔望奠에 한 번도 빠진 적이 없었기 때문에 시골 노인들은 그가 오고 가는 것을 보고도 삭망임을 알았다고 한다. 이덕홍은 만시를 지어 스승의 학문적 업적을 다음과 같이 칭송하였다.

해외 동방에 이락伊洛의 심법을 전하신 당신,	伊洛心傳海外身
산림에서 홀로 태평세월을 즐기셨네.	丘林獨樂太平春
경과 의를 몸소 실천해 선현보다 빛나고,	躬行敬義光前哲
명과 성을 천명하여 후인을 계발하였네.	首揭明誠啓後人
단비의 화육으로 만물이 싹을 틔웠고,	時雨化中羣物苗
어진 바람 미친 곳에 모든 생명 새로워졌네.	仁風及處萬生新
어찌 알았으랴 하룻저녁에 산재가 썰렁할 줄,	那知一夕山齋冷
상여줄 잡는 오늘 아침 눈물이 수건 가득하네.	執紼今朝淚滿巾

간재 이덕홍의
삶과 생각

2 전란 극복 방안을 제시하다

청년기의 대부분을 스승 이황의 문하에서 학문을 강마하는 데만 힘을 쏟았던 이덕홍은 38세가 되던 1578년(선조 11)에 처음 벼슬길에 나아간다. 그것도 과거 급제가 아닌 천거였다. 그는 처음에는 과거 시험에 뜻을 두었지만 퇴계 문하에 나아간 이후부터는 성리학에 몰두하였다. 그런데 당시 조정에서 학문에 뛰어난 선비 9명을 천거하라는 명이 내려졌다. 그는 한강寒岡 정구鄭逑(1543-1620), 비지賁趾 남치리南致利(1543-1580), 성암省庵 성호成浩(1545-1588), 사계沙溪 김장생金長生(1548-1631), 치암恥庵 구사민具思閔(1542-1593), 송학松鶴 권응시權應時(1541-1587), 김탁신金濯身, 문몽원文夢轅 등과 함께 4위로 추천서에 이름이 올랐다. 천거의 이유는

"선을 보면 흥기하고, 뜻을 다잡고 독서하다[見善興起 勵志讀書]."라는 명목이었다. 그의 관직생활은 56세의 나이로 세상을 떠나기 전까지 이어졌다.

처음에 집경전참봉을 시작으로 창릉참봉昌陵參奉(41세), 풍저창봉사豊儲倉奉事(42세), 현릉참봉顯陵參奉(43세), 종묘직장宗廟直長(49세), 사옹서직장司饔署直長·세자익위사우부솔世子翊衛司右副率(52세), 영춘현감永春縣監(53세), 조산대부朝散大夫(54세) 등을 역임하였다. 그가 역임한 벼슬은 대부분 한직閑職에 지나지 않았지만 관리로서의 역할을 충실히 수행하였다.

1593년(선조 26)인 53세 때 그는 노모를 봉양하기 위해 충청도 영춘현감에 부임하였다. 당시는 왜란과 흉년으로 인해 굶어 죽은 사람이 즐비하였다. 이덕홍은 당시 재상인 류성룡柳成龍(1542-1607)에게 편지를 보내 고을의 폐단과 민초들의 어려운 실상을 보고하고, 군포軍布를 미곡으로 대체하여 내는 작미作米의 명을 거두어 줄 것을 호소하는 한편, 자신도 늘 밥을 먹을 때 푸성귀를 섞어서 먹으며 "백성들은 모두 푸성귀를 먹는데 내 어찌 홀로 좋은 밥을 먹겠는가."라고 하였다. 그리고 솔 껍질·솔잎 술·콩죽·도토리 등 음식을 갖추어 경내境內를 돌면서 백성 중에 굶주려 먹지 못한 자에게 매번 먹여 주었고, 길에서 떠도는 사람을 만나면 반드시 말을 멈추고 먹인 뒤에 떠났다. 뿐만 아니라 밥을 먹다가 굶주린 사람을 보면 번번이 먹던 밥을 그에게 주었고, 백성 중에 공무로 관청에 왔다가 굶주려 돌아가지 못한 자는 모두 솔잎 술

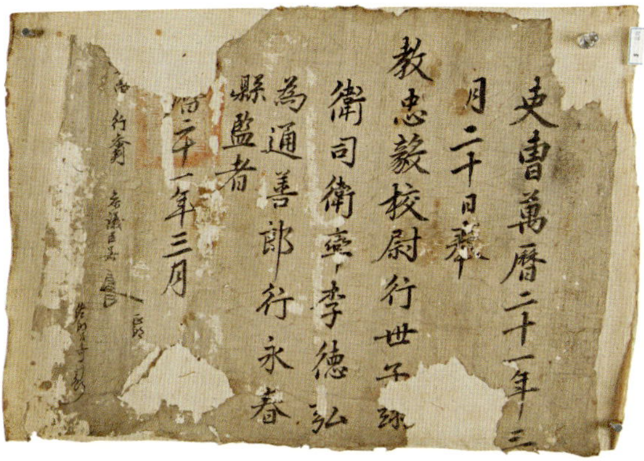

吏曹萬曆二十一年三
月二十日奉
教忠毅校尉行世子翊
衛司衛率李德弘
爲通善郞行永春
縣監者
萬曆二十一年三月

영춘현감 교지

을 먹였다. 다른 지역의 백성들이 듣고 현의 경내로 들어온 경우에도 모두 거두어 살펴 주었다. 구휼에 온 힘을 쏟은 결과, 관내에는 굶어 죽는 자가 없을 뿐만 아니라 다시 살아난 사람이 매우 많았다고 하였다.

영춘현감 재직 당시 또 다른 일화도 있다. 당시 현의 백성 세 명이 강도強盜에 연루되어 옥에 갇혔는데 죄를 자백하지 않았다. 이에 단양군수가 마땅히 죽여야 한다고 하자, 이덕홍은 탄식하며 "이 백성이 도둑이 된 것이 어찌 그 본성이겠는가. 굶주림과 추위가 그렇게 한 것이다. 진실로 굶주리지 않고 춥지 않았다면 이들 또한 선량한 백성으로 살았을 뿐이다."라고 하면서 의리를 들어 깨우쳐 주고 풀어 주었다. 그리고 먹여 주고 위로하니 세 사람이 잘못을 뉘우치고 힘껏 농사지어 마침내 양민이 되었다고 한

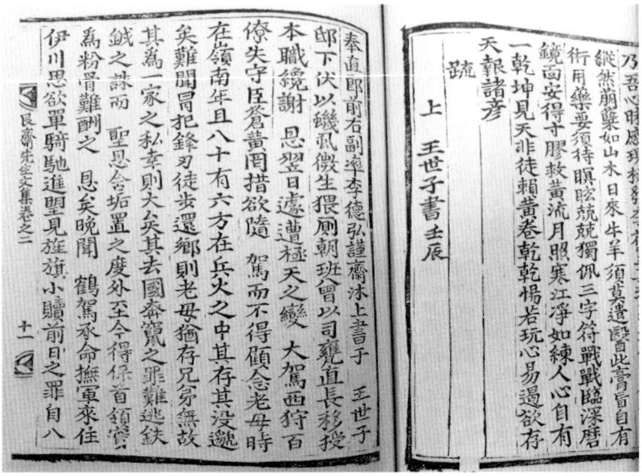
乃吾心曉感
縱然崩槧如山木日來牛羊須莫遣斵此言旨自有
術用藥要須待瞑眩就獨佩三字符戰戰臨深磨
鏡面安得寸膠救黃流月照寒江淨如練人心自有
一乾坤見天非徒賴黃卷乾乾惕若玩心易過欲存
天報諸彥

疏

上 王世子書 壬辰

奉直郎前右副率李德弘謹齋沐上書于 王世子
邸下伏以纖孤微生猥厠朝班曾以司禦直長移授
本職纔謝 恩翌日遽遭極天之變 大駕西狩百
僚失守臣蒼黃罔措欲隨 駕而不得顧念老母時
在嶺南年且八十有六方在兵火之中其存其沒邈
矣難聞冒犯鋒刃徒步還鄉則老母猶存兄弟無故
其爲一家之私幸則大矣其去國奔竄之罪難逃鈇
鉞之誅而 聖恩含垢置之度外至今得保首領實
爲粉骨難酬之 恩矣晩聞 鶴駕承命撫軍來住
伊川思欲單騎馳進望見旌旗小贖前日之罪自八
艮齋先生文集卷之二 十一

「상왕세자서上王世子書」

다. 이러한 일화들을 통해서 우리는 살아남으려고 허덕이는 민초들의 삶에 대한 이덕홍의 애민의식의 일단을 확인할 수 있다.

이러한 그의 관직생활에서 단연 눈에 띄는 것은 두 편의 상소문이다. 한 편은 1592년(선조 25) 임진왜란이 일어났을 때 올린 「상왕세자서上王世子書」이고, 또 한 편은 이듬해 올린 「상행재소上行在疏(병도幷圖)」이다. 이 두 편의 상소는 임진왜란을 당해 왜적을 무찌르고 국난을 극복하기 위한 구체적인 대책을 제시하고 있어 주목된다.

이덕홍은 1592년 4월에 세자익위사우부솔에 임명되었다. 그러나 이튿날 바로 왜란으로 도성이 혼란한 상황에서 서쪽으로 피난 가는 임금의 행차를 따라가지 못하였고, 86세의 노모의 안위가 걱정되어 고향으로 내려왔다. 그는 노모와 형제들이 무사하자 곧바로 대가大駕를 따라가려 했으나 왜적이 서울을 점령하여 길을 막아 떠나지 못하였다. 그해 10월이 되자 두 아들을 데리고 관동을 경유하여 11월에 왕세자인 광해군이 있는 평안도 용강龍岡에 도착하였다. 왕세자를 뵙고 그간의 사정을 말씀드리고, 아울러 왜적을 막을 방책을 진달한 것이 「상왕세자서」다.

여기서 이덕홍은 먼저 왜란을 초래한 원인으로 외부적 요인이 아닌 민심의 이반離反을 들었다.

> 실로 인심이 옛날과 같지 않아 풍속이 쇠퇴하고, 기강이 해이해져서 위아래가 괴리되어 견고하게 지켜 나갈 세력이 전혀 없으며, 대소 인민이 오직 눈앞의 이해利害만 알고 윗사람을 친애하며 어른을 위해 죽는 것이 어떤 일이 되는지를 생각지 않음으로 말미암았습니다. 이것이 바로 오늘날 큰 근심이며 필연적으로 허물어질 수밖에 없었던 점입니다.

또한 그는 "나라는 작은데 정사政事는 번거롭고 세금이 무거워 백성들이 괴로워한 지 이미 오래되었습니다. 왜적들이 탐욕과 포악한 마음으로 이런 백성들의 곤궁함을 이용하여 위엄으로 겁박하고 이익으로 꾀니, 우리 백성들이 왜적들의 편이 되는 것은 진실로 필연적인 형세입니다."라고 하였다.

이에 대한 해결책으로 그는 네 가지를 제시하였다. 첫째, 백성들의 마음을 바로잡아 풍속을 바르게 하고, 둘째, 기강을 바로 세워 근본을 두텁게 하며, 셋째, 요역徭役을 가볍게 하고 조세를 줄여 민심을 순하게 하고, 넷째, 선행을 드러내고 악행을 미워하여 권선징악勸善懲惡을 보이는 것이라고 하였다. 이 네 가지는 위에서 말한 이반된 민심을 수습하는 방안들이다.

특히 그는 이 네 가지 중에서도 선행을 드러내고 악행을 미워하는 것이 급선무라고 하였다. 그 이유는 적선賊船이 쳐들어와도 멀리서 바라보고 달아나, 한 사람의 관리도 저항하지 않으니, 이는 조정의 권선징악, 즉 신상필벌信賞必罰이 제대로 시행되지 않아 이 지경에 이르렀다고 하였다. 이런 상황이라면 어느 누가 목숨을 바쳐 충성을 다하겠으며, 어느 누가 성벽을 굳게 지키겠는가? 그렇다면 과연 어찌해야 하는가?

> 저하께서는 절개를 지켜 죽은 자를 먼저 찾아 포상하시고, 달아나지 않고 성을 지킨 자를 다음으로 선양하시고, 성을 버리고 미리 도망친 자는 법에 따라 죄를 논하여 위엄과 은혜를 밝게 보이십시오. 이것이 또한 적을 토벌하여 원수를 갚는 한 가지 큰 방편입니다.

이어 그는 임진왜란 때 지키던 성을 버리고 도망친 장수나 관리가 매우 많았는데도 이들에 대한 조정의 정당한 처벌이 이루어지지 않아, 이로 인해 나라의 기강과 민심이 크게 무너졌던 사실을 상기시킨다. 『맹자』에서 "천시天時는 지리地利만 못하고, 지리는 인화人和만 못하다."라고 하여, 전쟁에서 가장 중요한 요소가 인화단결, 즉 민심임을 강조한 바 있다. 이덕홍 역시 왜적이 우리나라에 쳐들어온 원인을 내부적 요인, 즉 민심 때문이라고 보았고, 이 민심을 얻기 위한 구체적인 방법을 위에서 제시하였던 것이다.

한편, 이덕홍은 왜적을 제압하는 군사적 전술로 철타鐵打와 능장稜杖의 사용, 진법陣法으로 귀갑거龜甲車의 활용과 학익진鶴翼陣·장사진長蛇陣의 구사, 사수射手로서 산척山尺의 활용, 쇠뇌[弩]를 연발로 발사하는 연노법連弩法 등을 제안하였다. 특히 연노법은 고려 때 처음 개발되었지만 그 방법이 단절되어 온 것으로, 임진왜란 때 이덕홍이 이 기술을 제안했다는 것은 그의 군사적 식견이 높았음을 보여 주는 예이다.

또한 그는 수성守城의 방책을 제시하는 가운데 추운 겨울을 틈타 먼저 공격할 것을 주문하였다. 그러나 왜적을 막는 최선의 방책은 육지에 내려오지 못하게 하는 것이다. "왜적을 막는 계책이 수중水中에서는 어려움이 없겠으나 육지에 내려오면 그 칼날을 당할 수 없다."라고 한 데서 알 수 있듯이, 고금을 막론하고 바다로 오는 적은 바다에서 막는 것이 가장 실효성이 높다. 이는 전라좌수사 이순신이 "바다로 침입하는 적을 막는 데는 수군만 한 것이 없으니, 수군·육군 그 어느 쪽도 없앨 수 없다."라고 하였던 인식과 같은 것이라 할 수 있다. 그러면서 그는 바다에서 육지로 침입해 오는 왜적을 막는 방법으로 각 포구의 물속에 참나무로 만든 횡전橫箭을 설치하는 '침수진목전沈水眞木箭'과 귀갑선龜甲船의 제작을 제안하였다.

귀갑선의 건조는 그가 제시한 여러 가지 군사전술적인 계책 가운데서 가장 주목된다. 같은 시기에 이순신이 귀갑선과 비슷한 거북선[龜船]을 건조하여 해전에서 맹활약을 떨쳤기 때문이다.

이덕홍은 귀갑선의 생김새에 대해 "등 부분에는 창검槍劍을 붙이고, 머리 부분에 쇠뇌[弩]를 숨겨 설치하며, 허리 부분에는 판옥板屋을 두고 그 가운데 사수射手가 들어가게 하고, 옆으로는 사격하는 구멍을 내며, 아래로는 배의 내부로 통하게 하여 가운데는 총통銃筒과 큰 도끼를 두고 때려 부수기도 하고 철환鐵丸을 쏘기도 하며 활을 쏘기도 하고 충돌하기도 한다."라고 했다. 이덕홍이 "근래 듣건대, 호남의 여러 장수들이 이 '귀갑선'을 써서 적선을 크게 파괴했다고 한다."라고 했듯이, 그는 자신이 제안한 '귀갑선'이 이순신이 건조한 '거북선'과 같은 개념과 성능을 가졌다고 인식하였다.

그러나 기존의 몇몇 연구 성과를 종합해 볼 때, 귀갑선과 거북선은 전체적인 형상과 선체 외형, 내부 구조, 전체 규격 등등에서 상당한 차이가 있다고 볼 수 있다.

첫째는 전체적인 형상이 서로 다르다. 잘 알려진 것처럼 이순신의 거북선은 그 모양이 거북 형상과 같았다. 실제로 앞에는 용의 머리가 있고, 등에는 십자 모양의 세로細路 이외의 곳에 모두 쇠못을 꽂았으며, 뒤는 거북이 꼬리처럼 되어 있었다. 그러나 이덕홍의 「귀갑선도」에는 이와 달리 거북선 형체의 중요한 특색인 용의 머리, 거북이 꼬리 등이 없음은 물론이고, 선체의 모양도 오늘날 탱크처럼 생겨, 그 외형이 거북이 형상으로 얼른 다가오지 않는다.

둘째는 선체 외형이 서로 다르다. 거북선의 외형은 크게 하체와 상장으로 구분된다. 하체는 저판底板, 외판外板, 선수재船首材,

선미재船尾材, 가목駕木 등으로 구성되어 있다. 상장은 현란舷欄, 방패防牌, 패란牌欄, 개판蓋板(귀배판龜背板), 용두龍頭 등으로 구성되어 있다. 이와는 달리 이덕홍이 제안한 귀갑선의 외형은 하체·개판(창검이 꽂힌 부분)·작은 판옥으로 구분되어 있다. 갑판이 하나인 평선平船 위를 모두 개판으로 씌우고, 개판 위에는 창검을 꽂으며, 개판 위 중앙에 작은 판옥을 두는 간단한 구조이다.

셋째는 내부 구조가 상이하다. 거북선은 외판 밖으로 소의 멍에처럼 현란을 설치하여 선실의 상하층을 구별하고, 군사들이 쉴 때는 하층에 있다가 전투 시에는 상층으로 올라와서 모든 포 구멍에 포를 걸어 놓고 쉴 새 없이 쟁여 쏘아 댄다. 이덕홍의 「귀갑선도」에는 현란이 보이지 않고, 상하층이 구분되지 않는다. 다만 「귀갑선도」의 측면에 활을 쏘는 구멍이 6개로 되어 있는데, 이것이 묘하게도 이순신 거북선의 측면 총혈 숫자와 일치한다는 점이 주목될 뿐이다.

넷째는 전체 규격이 다르다. 이순신의 거북선은 그 저판 길이가 당시 전선 가운데 가장 작은 지차선의 크기와 동일한 50자였으며, 승조원은 약 125명이었다. 이것은 임진왜란 때 주요 전함인 판옥선과 그 크기가 같았다. 그러나 이덕홍의 귀갑선은 그렇게 큰 전선으로는 보이지 않는다. 이덕홍은 「귀갑선도」 아래에 "주나군 등에 명령을 내려 주에는 3척, 군에는 2척, 현에는 1척씩 만들어 내게 하면 수백 척은 마련할 수 있을 것이다[令州郡辦出 而州三郡二縣一 則可得數百船矣]."라고 부기附記하였다. 또 「상행재소」에서는

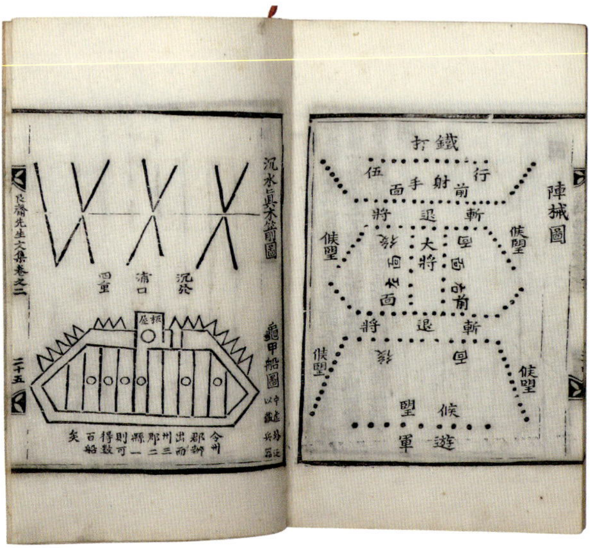

「귀갑선도」

“만약 각 관청으로 하여금 한 달의 공력만 들이게 한다면 세상에 없는 효과를 거둘 수 있을 것입니다.”라고 하였다. 이를 통해 보면 귀갑선은 인력이나 물자 등이 그렇게 많이 필요하지 않는 작은 선박으로, 거북선과는 그 크기에 상당한 차이가 있었다.

즉 이덕홍의 「귀갑선도」는 판옥선과 같은 대형 군선이 아닌 강선江船 등과 같은 소형선을 염두에 두고 그린 그림으로 보인다. 이덕홍이 「상왕세자서」에서 “만약 강의 나루터에서도 귀갑선을 사용한다면 적은 반드시 강을 건너지 못할 것입니다.”라고 한 것을 보면, 그는 강선을 보고 귀갑선을 구상한 것으로 보인다.

그는 자신이 제안한 '침수진목전'과 '귀갑선'에 대해 "앞서 이어받은 바도 없고, 뒷날 시험한 바도 없습니다. 다만 전쟁 통에 고민하는 가운데 사리로 따져 보고 밤낮으로 생각한 것입니다."라고 하여, 이 모든 것이 자신이 창안한 것임을 밝히고 있다. '귀갑선'은 비록 '거북선'과 다를 뿐 아니라 실전화되지도 못했지만, 미증유의 참혹한 임진왜란으로 나라의 존망이 기로에 섰을 때, 오직 "임금을 사랑하고 나라를 걱정하는 정성[愛君憂國之誠]"에서 나온 결과물이었던 것이다.

이덕홍은 「상왕세자서」를 올린 이듬해인 1593년 1월에 의주의 행재소行在所로 가서 선조 임금께 「상행재소上行在疏」를 올린다. 이 소장의 내용은 앞에서 말한 「상왕세자서」와 대동소이하다. 다만 「상왕세자서」에서는 왜적을 제압하기 위해서 '철타'와 '능장'을 제안한 바 있는데, 여기서는 왜석의 '철환'과 '긴 칭'을 감당하기 위해서는 '철타'와 '활'을 강조하였다. 적이 가까이 오면 '철타'로 때리고, 적이 멀리 있으면 화살로 쏘는 방법으로 왜적의 '긴 창'과 칼을 무용지물로 만들 수 있다는 것이다.

이에 바탕하여 이덕홍은 아군이 펼쳐야 할 진법陣法에 대해서 건의하였다. 먼저 그는 지금까지 자신이 파악한 일본군의 전술을 이렇게 분석하였다. 첫째는 대군을 숨겨 놓고 약한 듯이 보여 우리로 하여금 상대를 가볍게 여겨 함부로 움직이게 한 뒤에 아군의 후미後尾를 친다. 둘째는 군사가 적으면 앞에 허수아비를 세우고 굵은 새끼줄로 엮어 살아 있는 것처럼 흔들어 아군을 속인 뒤에 갑자기 돌격해 온다. 이에 대해 우리 군사가 번번이 적의 의도를 파악하지 못하고 아군의 숫자가 많을 경우라도 놀라고 두려워하여 대열이 무너지고 궤산潰散되었다는 것이다. 이는 임진왜란 당시 육전陸戰의 양상을 매우 정교하게 분석한 것이다.

이에 대응하여 이덕홍은 우리 군이 취해야 할 진법을 제시하였다. 이것은 「상왕세자서」와 「상행재소」의 내용이 서로 약간 차이가 있지만, 종합하면 다음 순서와 같다. 귀갑거龜甲車 5–6대를 전면에 배치한다. 철타와 능장을 가진 군사로 횡열진을 형성한다. 사수射手로 학익진鶴翼陣을 형성하고, 그 뒤에 참퇴장斬退將을 배치한다. 장사진長蛇陣을 좌우에 각각 배치한다. 학익진을 서로 등지게 배치한다. 철타와 능장을 가진 군사로 횡열진을 형성한다.[若論陣法 則先以龜甲車五六前之 次以鐵打稜杖作橫陣 次以射夫作鶴翼陣爲後衛 置斬退將於後 而皆橫陣 又於後面 作長蛇陣兩行 分左右豎設 又作鶴翼陣 前後相背 於後陣 又設鐵打稜杖及射夫如前] 그는 「상행재소」 말미에 이러한 진법을 도면화한 「진계도陣械圖」를 첨부하였다.

또한 이덕홍은 의리를 내세우는 선비, 즉 의병의 역할을 중시하였다. 일례로 영천에서 적을 섬멸한 권응수權應銖(1546–1608), 지례知禮 등에서 적을 물리친 곽재우郭再祐(1552–1617), 안집사安集使 김륵金玏(1540–1616), 경상우도를 진압한 초유사 김성일金誠一(1538–1593), 영남 의병장 김해金垓(1555–1593), 전 교수 류종개柳宗介(1558–1592), 생원 임흘任屹(1557–1620), 좌병사 박진朴晉 등은 나라를 위해 헌신한 사람들이며, 이들로 인해 아군의 사기는 높아 가고 적들

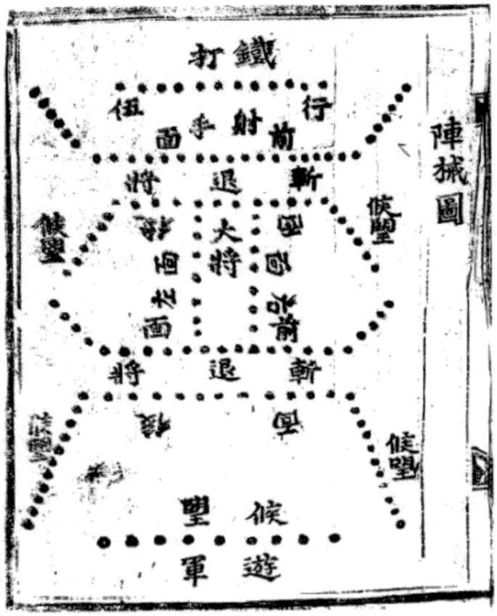

「진계도」

의 기는 꺾였으며, 나아가 머지않아 영토를 회복할 날이 올 것이라고 하였다. 그는 그러면서 임금에게 구습舊習에 물든 덕을 개혁하고 유신維新의 명을 받아들일 것을 청하였다.

이덕홍은 앞서 올린 상소문과는 달리 선조 임금에게 이 국난을 극복하기 위한 가장 근본적이고 원초적인 두 가지 문제를 제시하였다. 믿음[信]과 인화人和이다. 그는 "믿음이 없으면 설 수가 없다."라고 하며 상벌賞罰을 분명히 하여 백성들에게 믿음을 잃지 않은 뒤라야 왕도에 이를 수 있고, 그에 따른 정치의 효과를 기대할 수 있다고 보았다. 그렇게 하기 위해 권세에 아부하여 이익을 추구한 무리, 이를테면 김공량金公亮, 이경전李慶全(1567–1644), 홍여순洪汝諄(1547–1609) 같은 사람은 일벌백계一罰百戒하여 민심을 돌릴 것을 강조하였다. 이 일은 왕세자가 할 수 없는 일이며 임금만이 할 수 있는 일이었다.

그는 「상행재소」 말미에 진법의 도면인 「진계도」를 비롯하여 자신이 창안한 '횡전'의 도면인 「침수진목전도」와 귀갑선의 도면인 「귀갑선도」를 첨부하여 이해도를 높이고 있다.

한마디로 이덕홍이 올린 두 편의 상소에는 그의 현실인식과 대응방안이 고스란히 담겨 있다. 전란 극복을 위해 조정에 건의한 민심 수습 방안과 군사전술 방면에서 제시한 대책들은 매우 현실적이고 실용적이라는 특징이 있다. 이는 그가 민초들의 입장에서 현실문제를 바라보았기 때문이며, 나아가 성리학에 조예가 깊었을 뿐만 아니라 병략兵略·산학算學·역법曆法에도 정통하였기 때문에 가능한 일이었다.

간재 이덕홍의
삶과 생각

3 빛나는 학문적 업적을 남기다

간재 이덕홍은 이황이 세상을 떠난 이후 스승에 대한 추모와 동문 간의 학문 활동을 활발히 전개하였다. 이황이 떠난 이듬해인 1571년(31세)에 퇴계의 언행과 동정을 기록한 『계산기선록溪山記善錄』을 완성하고, 1572년(32세)에 동문들과 도산에 모여 상덕사尙德祠 건립을 의논하였으며, 1573년(33세)에 영주의 이산서원에 가서 퇴계 선생의 위패를 봉안하였다. 37세(1577년) 때는 도산서원을 찾아 사당을 배알하고 감회가 일어 시를 짓기도 하였다.

높은 산을 우러르듯 갱장의 그리움 더해,	高山仰止慕牆羹
사당에서 완연히 후생을 가르치는 듯하네.	廟貌洋洋警後生

향 사르는 오늘 아침 구름 걷혔으나, 香瓣今朝陰偶霽

형악의 한유와 같이 정성 못 올려 부끄럽네. 愧無衡岳致韓誠

이 시는 퇴계의 학덕을 흠모하여 잊을 수 없는 그리움을 묘사한 것으로, 사당을 참배하니 마치 스승이 살아생전처럼 우리들을 가르치는 듯하다 하여 스승에 대한 존모의 마음을 담아내었다. 38세인 1578년에는 송소松巢 권우權宇(1552–1590)와 스승 이황의 유집遺集을 간행하는 일에 대해 상의하였다.

그런가 하면 이덕홍은 계문溪門의 동문들과 학문을 강론하며 자신의 학문세계를 더욱 진척시켜 나간다. 32세 때 겸암 류운룡(1539–1601)과 금계재사金溪齋舍에서 『역학계몽』을 강론하였고, 이듬해엔 월천 조목(1524–1606)과 당시 성리학의 핵심의제였던 '미발이발未發已發'에 대해 변론하였다. 조목이 정자程子의 "마음은 이미 발현된 것이다[心爲已發]."라는 설과 주자의 "본심이 유행하여 적연부동한 것이다[本心流行 寂然不動]."라는 설을 의심하므로 이덕홍은 조목조목 변론하였다. 또한 권우와는 진건陳建(1497–1567)이 지은 『학부통변學蔀通辨』과 박문博文·격치格致·제외制外·양중養中 등의 의미에 대해 강론하고, 『중용』의 진성장盡性章·지성전지장至誠前知章·지성무식장至誠無息章에 대한 물음에 답하였다.

또한 비지賁趾 남치리南致利(1543–1580)와는 『주역』「복괘復卦」에 대해 토로하였고, 지헌芝軒 정사성鄭士誠(1545–1607)과는 장례 후 조석전朝夕奠의 예법에 관한 물음에 답하였으며, 근시재近始齋 김해

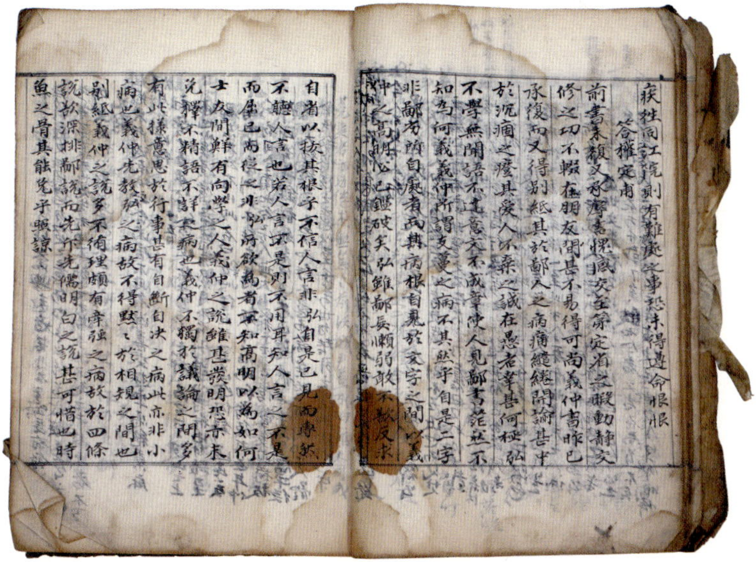

『간재집』(필사본)

金垓(1555-1593)와는 『주역』에 대해 강론하였다. 우수尤叟 민응기閔應祺와 『주역』의 괘효 초初와 상上에 대해 토론하였고, 조진趙振(1543-1625)과는 지행知行에 대해 토론하였다. 그 결과 이덕홍은 「진청란학부통변심도설변陳淸瀾學蔀通辨心圖說辨」(36세), 「지행변知行辨」, 「여조월천사경변미발이발與趙月川士敬辨未發已發」, 「부부유별도夫婦有別圖」(48세) 등을 저술하였다.

실제 그의 문집에 실린 내용을 살펴보면 문집의 일반적인 형태라기보다 학문에 관한 논문 모음집에 가깝다고 할 수 있다.

온통 스승 퇴계와 제자 이덕홍 간의 학문에 문답한 문자이거나 동문들 간에 주고받은 학문 활동에 관한 문자가 대부분을 차지하고 있으며, 그 내용은 성리학에 관한 것이다.

그가 지은 한시 작품은 103제題 184수首로, 성리학의 시적 형상화에 초점이 맞춰져 있으며, 그런 가운데 차운시가 높은 비중을 차지한다. 차운의 대상으로는 스승 퇴계를 위시하여 성헌惺軒 백현룡白見龍(1543–1622), 몽재蒙齋 이안도李安道(1541–1584), 학봉鶴峯 김성일金誠一(1538–1593), 송안松顔 구찬록具贊祿(1535–1616), 만취당晩翠堂 김사원金士元(1539–1601), 설월당雪月堂 김부륜金富倫(1531–1598), 물재勿齋 박려朴欐(1551–1592), 비지賁趾 남치리南致利(1534–1580), 물암勿巖 김륭金隆(1549–1593), 후조당後凋堂 김부필金富弼(1516–1577), 송암松巖 권호문權好文(1532–1587), 송소松巢 권우權宇(1552–1590), 원암遠巖 이교李嶠(1531–1595), 매촌梅村 김희중金希仲(1541–1622), 서애西厓 류성룡柳成龍(1542–1607), 이국필李國弼(1540–?), 매암梅巖 이숙량李叔樑(1519–1592), 용담龍潭 임흘任屹(1557–1620), 북애北厓 김기金圻(1547–1603), 하곡荷谷 허봉許篈(1551–1588), 월천月川 조목趙穆(1524–1606), 임연재臨淵齋 배삼익裵三益(1534–1588), 소재穌齋 노수신盧守愼(1515–1590), 삼성재三省齋 손군립孫君立(1548–1578) 등이 있다. 대부분 퇴계의 문인이거나 이덕홍의 동학들이다. 그는 차운시를 통해 자신은 물론 동학들에게 학문을 권면하는 내용이나 학문하는 자세, 도학과 관련한 주제에 대해 읊었다.

지금 옥을 꿴 듯한 그대의 시 보니, 今見吾君聯玉句
뜻이 이미 고명한 것이 너무나 가상하네. 深嘉意趣已高明
이제부터 서로 연마하기를 더욱 바라니, 從今更願相磨切
학문은 원래 명리를 위한 것이 아니라네. 爲學元非爲利名

이 시는 백현룡의 시에 차운한 것이다. 그는 동학에게 학문은 세속의 명리를 위해 하는 것이 아님을 강조하고, 향후 더욱 학문에 정진할 것을 권장하였다. 다음 시는 가을 밤 퇴계의 시에 차운한 것이다.

산중에 가을이 드니 밤기운 맑고, 秋入山中夜氣清
휘영청 찬 달빛이 창 가득 밝았네. 無端寒月滿窻明
앉아서 성성법을 배우고 나니, 坐來學得惺惺法
비로소 마음이 어둡지 않음을 믿겠네. 始信天君不窈冥

맑은 기운이 가득한 밤, 더군다나 휘영청 밝은 달이 창가에 스며드는 이때. 우리는 한 점 속기조차 없는 자연 속에서 마음 수양을 하고 있는 이덕홍의 경건한 모습을 떠올려 볼 수 있다. 여기서 성성법惺惺法은 마음이 어두워지지 않게 항상 일깨우는 방법으로, 유가儒家의 수양법인 경敬을 말한다. 이에 대해 북송北宋의 사량좌謝良佐는 "경이란 항상 성성하게 하는 법이다[敬是常惺惺法]."라고 하였다.

한편 이덕홍은 다수의 기행시를 남기고 있다. 「월성月城」, 「불국사佛國寺」, 「소봉래小蓬萊」, 「이견대利見臺」, 「입반고동入磻高洞」, 「통도사通道寺」, 「장천長川」, 「언양관각彦陽官閣」 등이 그것이다.

반월성 아직도 남아 있으니,	半月城猶在
어찌 서리의 탄식을 견디겠나.	那堪歎黍離
오산은 옛날의 울분을 머금었고,	鰲山含舊憤
문수는 가시지 않은 슬픔 연주하네.	蚊水奏餘悲
음악은 봄 새 울음처럼 덧없고,	音樂空春鳥
번화는 지는 해와 같은 것을.	繁華只夕暉
끝없는 회포에 방황하느라,	彷徨懷不極
가는 길 더욱 더디기만 하네.	行邁更遲遲

이것은 경주에 있는 월성을 둘러보고 지은 시다. 쓸쓸하게 터만 남아 있는 반월성을 둘러보니 감회가 없을 수 없다. 그 옛날 화려했던 궁궐의 모습은 간데없고, 금오산과 문천만이 비운의 역사를 간직하고 있는 듯하다. 이런저런 생각에 마음이 착잡하여 발걸음을 쉽게 떼지 못하는 심정을 묘사하였다.

연꽃 위를 걸어 들어가니,	步入蓮花上
향기로운 바람 옷깃에 스미네.	香風襲我裳
폭포수는 오열하며 나무를 깎고,	飛泉刳木咽
돌다리에는 무지개 길게 둘렀네.	石橋帶虹長
웅장하고 화려한 일천 칸의 집,	壯麗千間屋
붉고 푸른 단청이 더욱더 빛나네.	丹青十分光
안타깝구나, 점필재여,	堪嗟佔畢齋

벽 위에 부질없이 향기를 남겼네.	壁上空留芳
내 문하에 들지 못해 한스러운데,	恨我未摳衣
백발로 오히려 길을 잃고 헤매네.	白首猶迷方
먼 기약 아직도 갚지 못했는데,	遠期尚未酬
두려워하며 양을 잃고 슬퍼하네.	惕若悲亡羊
그대를 만나 세 번을 탄식하니,	對君三歎息
높은 숲만이 빽빽이 늘어섰네.	高林鬱蒼蒼

이덕홍은 불국사를 둘러보고도 시를 남겼다. 당시에 불국사에 김종직의 시가 남겨져 있었는데, 그는 김종직의 시를 보고도 여전히 본연을 잃고 헤매고 있는 자신을 한탄하는 감정을 고스란히 드러내었다. 이처럼 그의 기행시는 지난날의 역사를 회고하는 데 초점을 맞추고 있다. 역사 기행을 통해 현재를 돌아보고 권계로 삼고자 한 것이다.

『간재집』에는 「상퇴계선생上退溪先生」이라는 제목으로 11편의 「문목」이 실려 있다. 「문목」은 질문한 조목으로, 이덕홍이 평소 퇴계의 문하에서 수학할 때 학문에 관한 의문이나 난해처에 대해 질의하고, 스승인 이황이 그 물음에 상세하게 답한 내용이다. 1560년을 시작으로 1562년, 1564년, 1566년, 1567년, 1568년, 1570년 등 이황이 돌아가시기 전까지 10년 동안 묻고 답한 글이 편차되어 있다. 1560년에 이덕홍이 공부하는 선후와 과정을 세우는 규모에 대해 묻자, 이황은 먼저 『소학』을 공부하고 나중에 『대학』을 공부해야 한다고 답변한 이후, 입지立志, 충신忠信과 불기不欺, 치심治心과 수신修身, 수방심收放心, 변화기질變化氣質 등으로 확산되었다. 일례를 들어 보면 다음과 같다.

이덕홍의 질문: 소자가 비록 학문에 뜻을 두었으나 나태한 생각이 쉽게 생겨서 하다가 말다가 하는 병통이 있습니다. 어떻게 하면 기질을 변화시킬 수 있습니까?

퇴계의 답변: 『중용』의 '널리 배우고[博學之]'에서부터 '남이 열 번에 능하면 자기는 천 번 노력하라[人十己千].'까지 내용이 바로 기질을 변화시키는 방법이네. 그래서 "과연 이 방법대로 잘 행하기만 한다면 아무리 어리석은 사람도 반드시 밝아지고, 아무리 유약한 사람도 반드시 강해질 것이다."라고 하였으니, 게으른 생각이 생겨 하다가 말다가 하는 병통에 대해서 다른 사람이 어찌 조금이라도 그 사이에 관여할 수가 있겠는가. 공자가 안연에게 "인仁을 행하는 것이 자기에게 달려 있는 것이지 어찌 남에게 달려 있는 것이겠는가?"라고 하였네.

이렇듯 이황은 제자의 질문에 구체적인 전거를 제시하며 명확하게 답변하였다. 「문목」에 드러난 이덕홍의 질문은 공부하는 순서와 자세부터 성리학의 핵심명제 및 경전 구절의 뜻풀이까지, 즉 거시적인 학문적 담론과 미시적인 문제들까지 두루 포괄하고 있다.

나아가 그는 기氣와 질質, 의義와 지智, 성명誠明과 명성明誠, 유원悠遠, 복도覆幬, 부동이변不動而變, 우우대재優優大哉, 윗자리에 있어도 교만하지 않고 아랫자리에 있어도 배반하지 않는다[居上不驕 爲下不倍], 거車, 소인지도小人之道, 동정動靜과 선후先後, 오행이 각각 오행의 기를 갖추고 있다[五行各具五行之氣], 명命, 예지禮智와 중정中正,

동정動靜, 체용體用(성리학에 관한 것), 삼촌 숙모의 남편에 대해 복을 입지 않는다[三寸叔母夫無服], 성의장의 두 독자에 대하여[誠意章兩獨字], 이기理氣, 사단칠정四端七情과 인심도심人心道心, 측은惻隱, 소이능所以能, 천지지성天地之性, 부지불식不知不識, 불회단득不會斷得의 뜻(심경부주 해석 문제), 도불이회都不理會의 뜻, 은괄檃括의 뜻, 덕성리德性理, 지지知止, 부도불문不覩不聞, 성의誠意와 정심正心, 호연지기浩然之氣, 지수志帥와 심군心君, 신명神明, 연비어약鳶飛魚躍, 경敬의 체體와 용用[敬之體用], 용전龍戰, 본체本體와 전체全體의 차이, 후외박내厚外薄內, 수질首絰 등, 성리학의 핵심명제는 물론 해석상의 문제에 이르기까지 심도 있게 질문하였다. 이황은 제자의 합당한 질문에 대해서는 인정하는 한편, 질의한 내용이 잘못된 것에 대해서는 단호하게 바로잡아 주고 있다.

우리는 10년 동안 주고받은 「문목」을 통해 퇴계의 제자에 대한 깊은 학문적 사랑과 스승을 통해 배우고자 하는 제자 이덕홍의 독실한 학문적 열정을 확인할 수 있다.

이덕홍의 저술 중에는 7편의 명銘이 있어 주목된다. 「호명户銘」, 「창명窻銘」, 「등명燈銘」, 「척명尺銘」, 「도광지명韜光紙銘」, 「기명丌銘」, 「책명冊銘」 등이다. 그는 자신이 거처하고 있는 방 안의 가장 가까운 사물을 시적 소재로 삼아 명을 지었다. 이를테면 방문, 창문, 등불, 자, 빛을 가린 종이, 서안, 책을 대상으로 시를 지어 마음의 교훈으로 새기고자 하였다.

네가 열려 움직이고,	爾闢而動
네가 닫혀 고요하네.	爾闔而靜
움직이고 고요히 있을 때마다,	動靜隨時
감히 스스로 반성하지 않겠는가.	敢不自省
무엇으로 그것을 주재하는가,	孰厥尸之
바로 의와 경이라네.	曰義與敬

일상적으로 열고 닫는 창문이 지닌 본질을 간파하여, 이를 통해 결국 내면의 자기수양을 강조하였다. 이덕홍은 방문이 열리고 닫히는 것을 보고서 태극太極의 동정動靜을 떠올린다. 때때로 움직이고 고요한 사이에 스스로의 마음을 바르게 할 것을 생각한 것이다. 이때 마음을 바르게 하는 주재자는 바로 의義와 경敬이다. 주지하다시피 성리학자들은 경으로써 안을 바르게 하고, 의로써 바깥의 행동을 결단했다. 정靜할 때는 경敬을 통해 마음을 성찰하고, 동動할 때는 의義를 통해 행위의 정당성을 보장받듯이, 창문의 개폐여부를 마음의 동정과 결부시켜 내면의 수양(성찰)을 강조하였다.

네가 밝으면 일어나고,	爾明則起
네가 어두우면 잠을 자네.	爾暗則宿
밝고 어두울 때마다,	明暗隨時
너와 내가 하나가 되네.	物我爲一
그 도가 무엇인가,	其道伊何
바로 구와 육이라네.	曰九與六

이는 창문을 대상으로 남긴 「창명」이다. 이덕홍은 아침에 창밖이 밝아지면 일어나고, 저녁에 창밖이 어두워지면 잠자리에 든다는 사실을 통해, 사물과 자아가 서로 밀접한 연관을 지닌다는 이치를 발견하게 된다. 또한 밝음이 어두움으로 변화하고 어두움이 다시 밝음이 되는 상황에서 『주역』에서 이야기하는 변역變易과 순환의 원리를 떠올리게 된다. 마지막 구에서 9와 6을 이야기한 데서 그가 『주역』의 원리를 생각하고 있었음을 확인할 수 있다. 『주역』의 생수에서 2와 4가 합해져서 음의 수인 6이 되고, 1, 3, 5가 합해져서 양의 수인 9가 되기 때문이다.

등불이여 등불이여,	燈乎燈乎
너의 그 밝음이여.	爾其明兮
삼가 어둡지 말고,	愼勿暗兮
밤이 다하도록 밝기를.	竟夕明兮

등불을 보고 쓴 「등명」이다. 등불의 밝은 모습을 통해 어두움으로 표현된 삿된 마음을 물리치고 항상 성성惺惺할 수 있기를 바라는 모습을 확인할 수 있다. 이는 「척명」에서 "자여 자여, 너의 그 곧음이여. 삼가 굽지 말고, 시종일관 곧기를."이라고 한 것과도 일맥상통한다. 한편, 이덕홍은 평생 학문에 종사한 학자였다. 그렇기에 그에게 있어 책상과 책은 떼려야 뗄 수 없는 존재였다. 자연스레 책상과 책에 관한 명銘을 남기기도 했다. 간단히 보이면 다음과 같다.

발은 사덕을 본떴고, 足象四德
위는 마음처럼 평평하네. 上與心平
너는 서책을 존중하고, 爾尊書冊
나는 성정을 존중하네. 我尊性情
오직 나와 너는, 惟我與爾
시종일관 기울지 마세나. 終始勿傾

책상을 두고 쓴 「기명」이다. 1구와 2구에서는 책상의 외형을 보고, 책상이 지닌 성정에 대해 찬탄했다. 책상의 네 발은 사람의 본성에 간직되어 있는 네 가지 덕인 인·의·예·지를 닮았다고 했고, 책상의 평평한 모습은 마음의 평정과 유사하다고 했다. 또한 책상이 책을 위에 두는 모습을 책에 대한 존중으로 표현하였는데, 이를 자신이 성정을 존중하는 것과 비슷하다고 함으로써 책상과 자신을 동일시하기에 이르렀다. 그러면서 시종일관 바른 마음을 유지하고자 하는 강한 의지를 드러냈다.

이루어 놓은 설을 보니, 見成說底
도리 아닌 게 없네. 莫非道理
물어서 남에게 분변하고, 問辨於人
배워서 자기에게 모으네. 學聚於己
천고에 마음을 전하면서, 千古傳心
누구인들 너를 말미암지 않으랴. 孰不由爾

책과 관련된 「책명」이다. 옛 선현들이 편찬한 책에는 무수히

많은 정보와 지혜가 담겨 있다. 특히 이덕홍이 읽은 책들이 유학의 정수가 담긴 유교 경전이었을 것임은, 그의 삶을 통해서도 쉽게 추측해 볼 수 있는 바이다. 그렇기에 그는 책에 담긴 내용들이 도道가 아님이 없다고 이야기하였던 것이다. 3구와 4구에는 『주역』「건괘乾卦 문언文言」에서 "군자는 배워서 축적하고, 물어서 분변한다."라고 한 말이 인용되어 있다. 책을 군자로 보고 있음을 확인할 수 있다. 결국 그는 책 읽기에 열중해야만 옛 성현들의 가르침을 체득할 수 있음을 이야기하고자 한 것이다.

이덕홍의 저술 중에 가장 주목할 것은 『사서질의』, 『주역질의』, 『심경질의』, 『고문전집질의』·『고문후집질의』, 『가례주해』 등이다. 기존의 연구를 참조하여 『사서질의』에 대하여 알아보면 다음과 같다. 『사서질의』는 사서 중에서 중요한 구절이나 의난처에 대해 주석을 한 책으로, 『논어질의』·『맹자질의』·『중용질의』·『대학질의』의 순서로 편차되어 있으며, 이 가운데 『논어질의』가 가장 많은 부분을 차지하고 있다. 『논어』 20편 중에 마지막 편인 「요왈堯曰」을 제외하고 모든 편의 본문 및 주석 가운데 모호한 구절들의 의미, 글자의 뜻과 음에 대해 퇴계가 강의를 통해 설명한 것을 충실히 정리하고 있다. 한마디로 이덕홍은 『논어』 전편을 주석하면서 대전본 소주小註를 정밀하게 검증하였고, 나아가 『논어집주』의 미진한 부분을 보완하고자 하였다.

『맹자질의』는 『맹자』의 「공손추」·「고자」·「진심」 편의 본문과 주석 가운데 일부 구절들의 의미를 정리한 것으로, 다른 것에 비하면 내용이 소략하다. 『중용질의』는 『중용』 33장 중에 서序를 비롯하여 1장, 2장, 3장, 10장, 12장, 18장, 19장, 20장, 21장, 26장, 27장, 28장, 30장, 31장, 33장 등 15장에 대해 정리하였고, 『대학질의』는 서序, 경經 1장, 전傳 6장·7장·10장의 일부 구절에 대해 정리하였다. 경 1장에서는 명명덕明明德, 지지이후유정知止而後有定, 소후자박所厚者薄, 물격物格 등의 구절에 대하여, 전 6장에서는 기와 폐간[己肺肝], 증자왈曾子曰, 십목과 십수[十目十手]에 대하여, 전 7장에서는 심부재언心不在焉, 경이직지敬以直之, 경지체용敬之體用 등에 대해 퇴계의 가르침을 충실히 기록하였다.

『사서질의』는 퇴계에게 질의하여 가르침을 받은 것을 기록한 것으로, 이덕홍 자신의 질문이 그 속에 있지만 퇴계의 가르침이 주 내용을 이루고 있다. 훌륭한 제자에 의해 기록된 퇴계의 경전 해설서라고 할 수 있다. 퇴계 이황의 『사서석의四書釋義』가 임진왜란으로 소실되자, 이덕홍의 『사서질의』가 기본 자료로서 활용되기도 하였으며, 나아가 『사서질의』는 사계沙溪 김장생金長生(1548-1631)이 지은 『경서변의經書辨疑』와 궤를 같이한다고 할 수 있다.

『주역질의』는 이덕홍이 『주역』 가운데서 문제 되는 구절을 뽑아 퇴계에게 질문하고 답변한 것을 정리한 것이다. 처음에 역리易理의 총설적인 것에서부터 구체적인 괘효에 이르기까지 해설 및 문답한 데 이어, 「후천육십사괘방도後天六十四卦方圖」, 「범수횡도방도範數橫圖方圖」, 「홍범황극내편구구실적수도洪範皇極內篇九九積實數圖」, 「홍범월행구도洪範月行九道」, 「기삼백주토朞三百註吐」, 「선기옥

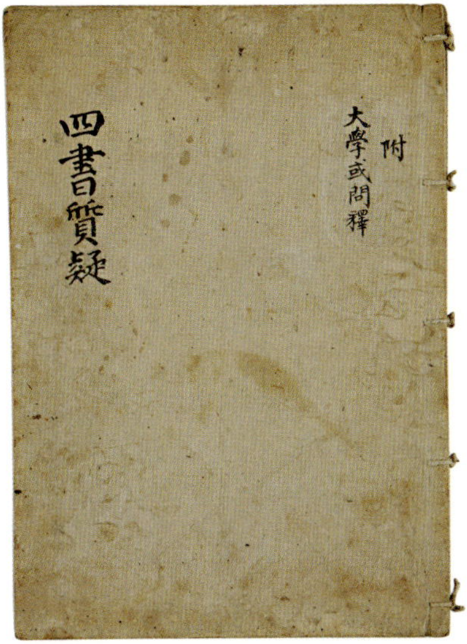

『사서질의』

형주토璿璣玉衡註吐」가 수록되어 있다. 특히 「후천육십사괘방도」 말미에 수록된 1568년(선조 1)에 시강侍講에서 강의한 것과 1594년 선조가 문의한 것에 대한 답변은 『주역』의 대의와 요점을 명료하게 설명하고 있을 뿐만 아니라, 실제 정치에 『주역』의 원리를 활용하여 임금의 마음가짐에 따라 나라의 흥망이 달라진다고 하였다. 또한 이황은 이덕홍의 서재 이름을 지어 주고 손수 써 주면서 "'간艮' 자는 그친다는 뜻이 매우 좋다. 옛사람 중 '간' 자를 서재의 이름으로 삼은 이가 많다."라고 하여, 『주역』 「간괘」 '구삼효九三爻'에서 그 뜻을 취해 '간재'라고 명명한 사실을 적고 있다.

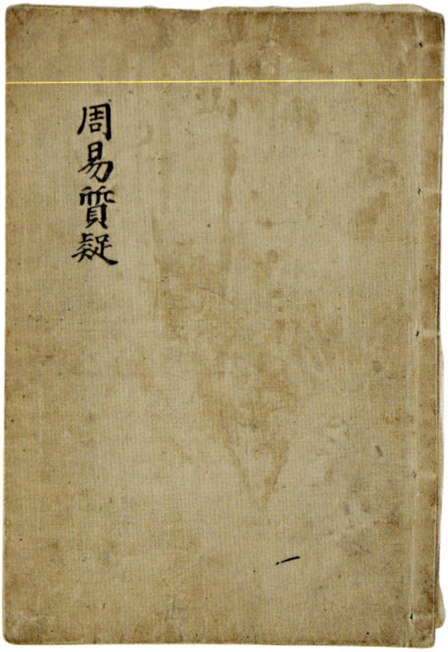

『주역질의』

「홍범월행구도」는 태양·지구·달의 운행관계를 천문학적으로 밝힌 것이고, 「기삼백주토」와 「선기옥형주토」는 이해도를 높이기 위해 『서경』 「요전」의 「기삼백朞三百」 주와 「순전」의 「선기옥형」 주에 대해 우리말로 토吐를 단 것이다.

이것 외에도 『주역』과 관련한 작품과 저술로는 「음과 양이 서로 뿌리가 된다[陰陽互根]」·「박괘와 복괘[剝復]」 등 두 편의 부賦와 「역학계몽을 읽고[讀啓蒙]」·「역학계몽을 읽고 느낌이 있어[讀啓蒙有感]」·「주역을 읽고 천심을 보다[讀易見天心]」 등 세 편의 시詩, 그리고 「육십갑자 음양에 대한 변증[六十甲子陰陽辨]」, 「주회암이 『참

동계』는 헛말이 아니라고 한 데 대한 변증[朱晦庵謂參同契非虛語辨]」, 「연월일시와 원회운세에 대한 설[年月日時元會運世說]」, 「『주역』 초구와 상육 효의 뜻[易初九上六爻義]」, 「부부유별도夫婦有別圖」와 「총론總論」, 「산법도算法圖」 등이 있다. 이렇듯 『주역질의』와 『주역』과 관련한 작품에는 이덕홍 역학의 정수가 고스란히 담겨 있으며, 그의 역학에 대한 학문적 깊이를 가늠할 수 있는 독창적인 내용도 다수 내포하고 있는 것이 특징이다. 한마디로 이덕홍은 음양호근陰陽互根에 따른 자연의 변화와 그 이치를 인식하고 이를 모범으로 본받아 중정中正과 인의仁義를 실현할 것을 강조하였다. 이런 점에서 이덕홍의 역학은 의리역학의 목표를 가지면서도 상수·도수론적 이론을 여러 측면에서 고찰한 것이다.

『심경질의』는 이황이 강의한 것을 『심경부주』의 편차에 맞추어 정리한 것이다. 그 주요 내용은 인물이나 지명, 자의字義 등 중요하거나 문제가 되는 개념과 내용을 표제어로 내세워 해설한 것이다. 편차는 책머리에 서문[序]·심경찬心經贊·심학도心學圖·도설圖說 등이 있고, 제1편에는 「인심도심장人心道心章」 등 13장, 제2편에는 「성의장誠意章」 등 8장, 제3편에는 「우산지목장牛山之木章」 등 7장, 제4편에는 「계명이기장鷄鳴而起章」 등 9장 및 「후론後論」 등이 수록되어 있으며, 내용과 분량에서 다른 질의서를 압도하고 있다. 그 주요 내용을 몇 가지 소개해 본다.

• **인심人心 … 인욕人欲**: 주희가 초년에는 인심과 인욕을 동일

『심경질의』

시한 정자의 관점을 그대로 따랐으나, 만년에 인심과 인욕을 구분해서 이해하였다고 설명하였다.–「인심도심장人心道心章」

- **무사한사無邪閑邪**: 오징吳澄이 "사특함이 없는 것은 성의誠意의 일이고, 사특함을 막는 것은 정심正心의 일이다."라고 구분한 것은 잘못이고, 또 "사물이 밖에서 접할 때 그것을 막아서 안으로 들어오지 못하게 해야 한다."라고 말한 부분은 선가禪家의 학설이라고 비판하였다. 성의는 거의 발한 상태에서 말한 것이고, 정심은 마음의 전체를 들어서 말한 것으로, 두 항목인 듯하지만 이것을 가지고 두 '사邪' 자의 뜻을 밝

힐 수 없다고 하였다.—「한사존성장閑邪存誠章」

- **경정위일敬靜爲一**: 경敬과 정靜을 동動과 정靜으로 대비시켜 볼 수 있겠는가라는 질문에 대하여, 이황은 주경主靜공부는 주돈이가 처음 제시하였고, 이정二程은 정좌靜坐공부를 제시했는데, 그 중점은 경敬에 있으며, 이 점에서 선禪과 다르다고 설명하였다.—「우산지목장牛山之木章」
- **주경主敬 … 기실其實**: 주경主敬을 궁리窮理보다 선행하는 공부로 배치시킨 것에 대하여, 옛사람은 『소학』 단계에서 함양涵養공부가 충분히 이루어지기 때문에 『대학』 단계에서 궁리를 먼저 해도 마음에 분란이 일어나지 않았지만, 지금 사람들은 함양공부를 거치지 않고 궁리공부를 하기 때문에 마음에 분란이 생길 수밖에 없으며, 따라서 주경공부를 먼저 앞세우지 않을 수 없다고 이황은 설명하였다.—「성가학장聖可學章」
- **찬연문의鑽研文義**: 육구연 일파가 궁리窮理를 소홀히 하고 주기主氣에 힘썼다고 비판한 것, 오징이 가정 연간 이후의 주자학자들이 도문학道問學 일변도의 편향된 공부에 빠졌음을 비판하고, 존덕성尊德性 공부를 더 중시해야 된다고 주장한 것에 대하여, 이황이 도문학 공부가 수반되지 않은 채 존덕성 공부에 전념하는 것은 선학禪學과 같은 병폐에 빠지는 것임을 나흠순이 왕양명에게 보낸 편지를 인용하여 비판하였다.—「존덕성재명장尊德性齋銘章」

퇴계 이황은 벼슬살이에서 물러난 50대 이후부터 도산서당을 중심으로 제자들과 『심경』에 대해 자주 강론하며 연구에 몰두하였다. 심지어 세상을 떠나기 전까지 제자들과 역동서원에서 『심경』을 강론하기도 하였다. 이때 퇴계와 함께 『심경』을 연구한 대표적인 인물로 월천 조목, 금계 황준량, 구암 이정, 후조당 김부필, 설월당 김부륜, 겸암 류운룡, 송암 권호문, 간재 이덕홍, 천산재 이함형, 지산 조호익 등을 들 수 있다. 이들이 남긴 『심경』에 대한 저술 가운데 가장 대표적인 저술이 간재 이덕홍의 『심경질의』이다.

그 뒤 『심경질의』는 효종 연간에 조정의 경연에서 참고 교재로 활용되었을 뿐만 아니라, 숙종 연간에 국왕의 명으로 우암 송시열 등이 보완하여 『심경부주석의心經附註釋疑』로 간행하는 등, 우리 유학사에 끼친 영향이 크다고 할 수 있다.

『가례주해』는 주자의 『가례』를 주해한 책으로, 1829년 후손들에 의해 편집되어 1책으로 간행되었다. 본집은 항목이나 제목에 구애됨이 없이 난해한 부분과 착오가 나기 쉬운 부분만 가려서 주해하였다. 「사당도祠堂圖」·「곡거도曲裾圖」·「오복도五服圖」·「팔모도八母圖」 등 4편의 그림에 대한 해설과 통례通禮·사당祠堂·견전見田·중원中元·유사有事 등 30여 편으로 구성되어 있다.

『가례주해』는 물암勿巖 김륭金隆(1525–1594)의 『가례강록家禮講錄』과 함께 당시 퇴계학파의 초보적인 가례주석서로서, 이후 등장하는 본격적인 가례주석서의 바탕이 되었다고 할 수 있다.

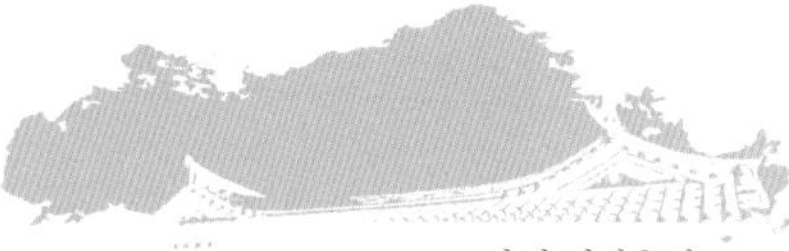

간재 이덕홍의
삶과 생각

4 스승의 언행과 동정을 기록하다 —『계산기선록溪山記善錄』

퇴계의 문인들이 남긴 언행록으로는 월천 조목의『언행총록言行總錄』, 학봉 김성일의『퇴계선생언행록退溪先生言行錄』, 문봉 정유일鄭惟一의『언행통술言行通述』등이 있는데, 그중 가장 체계적이고 상세한 기록이 바로 간재 이덕홍이 남긴『계산기선록』이다.『계산기선록』은 이덕홍이 계상서당과 도산서당에서 12년간 퇴계와 함께 생활하면서 직접 보고 들은 것을 기록한 것이다. 이덕홍이 19세에 퇴계의 문하가 되자 이황은 그에게 이름, 자, 호를 직접 지어주고 세상을 떠날 때에는 서책의 정리를 직접 부탁할 정도로 각별한 사제관계를 맺었다. 이덕홍은 퇴계 문하에 들어간 뒤 틈틈이 스승의 언행을 기록해 오다 퇴계 사후인 1571년 6월에『계산

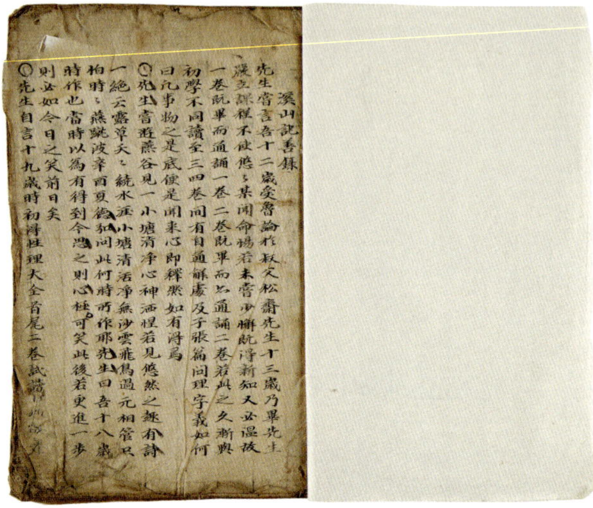

『계산기선록』

기선록』을 완성하였다.

『계산기선록』은 총 16개의 주제로 구성되어 있다. 그중 가장 많은 분량을 차지하는 주제는 심학心學의 요체를 다룬 제2절 〈기선생조존지요記先生操存之要〉로, 총 28개의 조항으로 구성되어 있다. 이는 도산서당의 강학이 특히, '퇴계 심학'의 전수에 초점을 두고 이루어졌음을 보여 주는 대목이다.

기존의 연구성과를 참조하여 『계산기선록』의 내용을 정리하면, 제1절 〈입학지서入學之序〉에는 이황의 성학 과정, 제2절 〈조존지요〉에는 이황의 존심양성 곧 마음 공부로서의 경에 대한 내용

『계산기선록』의 구성

권	절	주제	내용	조목 수
상上	1	기선생입학지서 記先生入學之序	학문에 입문하는 순서	12
	2	기선생조존지요 記先生操存之要	심학心學의 요체	28
	3	기선생궁격지묘 記先生窮格之妙	이기理氣, 체용體用, 궁격窮格의 묘妙와 유교, 불교의 차이	16
	4	기선생송독지근 記先生誦讀之勤	독서법과 학문자세	13
하下	5	기선생산수지락 記先生山水之樂	서당의 일상과 자연의 묘리妙理, 감응感應의 즐거움	8
	6	기선생거가지의 記先生居家之儀	자제·노복에 대한 처신·농상農桑·경제생활 등 거가居家 시 의절	10
	7	기선생제사지례 記先生祭祀之禮	제사의 예법	5
	8	기선생사수지의 記先生辭受之義	선물을 사양하고 받을 때의 의리	6
	9	기선생접물지용 記先生接物之容	타인을 대할 때의 도리와 태도	7
	10	기선생론인물지품 記先生論人物之品	채침, 정몽주, 조식, 기대승, 노수신, 윤임, 윤원로 등에 대한 인물평	6
	11	기선생론처변지도 記先生論處變之道	변고에 대처하는 도리	3
	12	기선생추서지인 記先生推恕之仁	자신의 마음을 미루어 타인의 마음을 헤아리는 인仁	4
	13	기선생음식지절 記先生飮食之節	음식에 대한 절도	3
	14	기선생거향지사 記先生居鄕之事	향당에서의 예법	6
	15	기선생진퇴지절 記先生進退之節	진퇴의 의절	7
	16	기선생임종지명 記先生臨終之命	임종 때의 명	6

이 기록되어 있다. 제3절 〈궁격지묘〉에는 궁리와 격물, 곧 진리추구에 대한 퇴계의 말씀, 제4절 〈송독지근〉에는 이황의 독서방법과 독서 태도가 기록되어 있다.

제5절 〈산수지락〉에서는 이황의 산수유람의 흥취와 유람시가 수록되어 있고, 제6절 〈거가지의〉에는 이황의 평소 생활자세와 대인관계가 자세히 기록되어 있다. 제7절 〈제사지례〉는 제사와 관련된 이황의 생활상, 제8절 〈사수지의〉에는 예물과 관련된 이황의 대응 자세가 기록되어 있다. 제9절 〈접물지용〉에는 인간에 대한 이황의 예의, 제10절 〈인물지품〉에는 채침, 조식, 노수신, 윤원형 등에 대한 이황의 인물평을 기록하고 있다. 제11절 〈처변지도〉에는 변화에 대응하는 이황의 자세, 제12절 〈추서지인〉에는 이황의 어진 마음이 기록되어 있다. 제13절 〈음식지절〉에는 음식과 관련한 여러 예절, 제14절 〈거향지사〉에는 향리에서의 생활 자세가 기록되어 있다. 제15절 〈진퇴지절〉에는 출처에 대한 이황의 소신, 제16절 〈임종지명〉에는 고종하기 전까지 이황의 행신이 기록되어 있다.

아울러 『기선총록』은 『계산기선록』을 총괄하기 위해 1571년에 쓴 글이다. 『소학』, 『논어』, 「태극도설」, 『심경』, 『주자서』 등 이황이 탐독하거나 강론한 책을 통해 이룩한 학문적 성과를 필두로 하여, 도로 삼은 것, 마음에 얻은 것, 몸으로 실천한 것, 가정에서 시행한 것 등에 대해 개관하였다. 『계산기선록』에서 여러 항목으로 분산된 이황의 언행을 요약 총괄한 것이다. 최종적으로 이황을 성인의 학문을 계승하고 미래의 학자를 열어 준 사문의 조종으로 설정하였다. 이를 뒷받침하듯 학사 김응조는 1666년(현종 7)에 쓴 발문에서 『계산기선록』에 있는 글을 읽고 시를 읊으면 이황의 모습이 완연히 눈앞에 있는 것 같다고 하면서 공경을 표하였다.

각 절마다 주요 내용을 소개하면 다음과 같다.

• **제1절 〈기선생입학지서記先生入學之序〉: 12개 항**

– 12세에 숙부叔父 송재松齋 이우李堣로부터 『논어』를 배워 13세에 마친 일

– 『심경』을 통해 심학心學의 연원을 비로소 알았으며 평생 동안 이 책을 소중히 여겼다는 퇴계의 말

– 『역학계몽易學啓蒙』이 초학자에게는 매우 불친절하게 서술되어 있다는 김성일의 생각이 잘못이라는 지적

– 신안진씨新安陳氏(진력陳櫟)가 편십한 『고문전집古文前集』을 가르치면서 진종眞宗의 「권학문勸學文」을 빼놓고 가르치지 않은 이유에 대한 설명

• **제2절 〈기선생조존지요記先生操存之要〉: 28개 항**

– 덕홍德弘의 이름에서 '덕德' 자가 '행직심行直心'을 의미한다는 점을 명심하라고 훈계함

– 입지立志와 거경居敬에 관한 말은 배우는 자들이 공부의 과정에서 가장 필요한 것임을 체득해야 한다는 설명

– 공부할 때 주재主宰를 세우기 위한 최선의 방법은 '경敬'이

며, 이 '경敬'에 대한 선대 학자들의 설명 가운데 정이程頤(1033–1107)·사량좌謝良佐(1050–1103)·윤돈尹焞(1071–1141)·주희朱熹(1130–1200) 등의 설명이 가장 훌륭하다는 것과, 초학자는 정제엄숙整齊嚴肅하는 과정을 통해 '경敬'에 이르는 것이 바람직하다는 가르침

– '경敬'에 관한 선대 학자들의 견해에 대한 설명, '경敬'공부를 두고 이비언李棐彦(곧 이국필李國弼)과 이덕홍이 벌인 논쟁에 대한 평가 등

• **제3절 〈기선생궁격지묘記先生窮格之妙〉: 16개 항**

– 이理와 기氣의 관계에서 선후先後를 구분할 때와 구분하지 않을 때의 의미에 대한 설명 등

– 소이연所以然과 소당연所當然의 관계를 통해서 설명한 이理의 의미 등

– 이덕홍과 조목에게 역학易學에 노력하여 소망에 부응해 달라는 이황의 당부

– 이덕홍이 이황의 명으로 선기옥형璿璣玉衡을 제작해서 천상天象을 살핀 일

• **제4절 〈기선생송독지근記先生誦讀之勤〉: 13개 항**

– 이덕홍이 세주細註를 읽는 데 집착하는 태도에 대한 이황의 훈계

– 매일 저녁부터 새벽까지 이황의 일과
– 이황이 소싯적에 공부로 고질병을 얻은 이야기와 배우는 자에게 한 충고
– 이덕홍에게 과거공부를 겸하도록 격려한 말

• **제5절 〈기선생산수지락記先生山水之樂〉: 8개 항**
– 4월 기망旣望에 조카 교寯·손자 안도安道 및 이덕홍과 뱃놀이하면서 「적벽부赤壁賦」를 품평하고 시를 지은 일

• **제6절 〈기선생거가지의記先生居家之儀〉: 10개 항**
– 완락재玩樂齋를 건축할 때 목공들이 팔 척尺 규모로 크게 지은 것을 탄식한 일

• **제7절 〈기선생제사지례記先生祭祀之禮〉: 5개 항**
– 지자支子로서 종가宗家를 대하는 이황의 태도
– 제수용품을 준비하는 이황의 태도

• **제8절 〈기선생사수지의記先生辭受之義〉: 6개 항**
– 김취려金就礪로부터 나귀[驢]를 선물받고 사양한 이유에 대한 설명
– 서울에 있을 때 남의 집 밤나무 가지가 담 너머로 뻗어와 떨어진 밤들을 모두 주워서 돌려주라고 명한 일

– 단양을 떠나올 때 죽령竹嶺에서 관인官人으로부터 선물받고 거절한 일

• 제9절 〈기선생접물지용記先生接物之容〉: 7개 항

– 문인門人이나 소자小子를 대하는 태도

• 제10절 〈기선생인물지품記先生論人物之品〉: 6개 항

– 정몽주가 신돈辛旽의 소생으로 말해지는 우왕禑王과 창왕昌王을 섬긴 일이 의리에 어긋나지 않는다는 변론

– 조식曺植(1501–1572)이 『장자』의 사상에 친근하다는 평가

– 임훈林薰(1500–1584)이 찾아와 조식이 제자들을 시켜 음부淫婦의 집을 마구 헐어 버리게 한 것은 부당하다고 말하자 이를 긍정한 일

– 기대승奇大升(1527–1572)과 이정李楨(1512–1571)에 대한 인물평가와 조식曺植은 『장자』의 사상을, 노수신盧守愼(1515–1590)은 육구연陸九淵(1139–1192)의 사상을 각각 주장하고 있다는 비판, 기대승이 좀 더 진보되기를 바라는 기대

• 제11절 〈기선생처변지도記先生論處變之道〉: 3개 항

– 아버지가 전염병으로 죽고 어머니가 살아 있을 때 삶을 도모하기 위해서, 죽은 아버지를 피하는 것이 정당한가에 관한 논의

• 제12절 〈기선생추서지인記先生推恕之仁〉: 4개 항

– 위에 있는 이황의 논 때문에 밑에 있는 남의 논에 제대로 물을 댈 수가 없음을 염려하여 그 논을 밭으로 만든 일

– 병인년(1566) 예천읍醴泉邑에서 먼 친족관계에 있는 어떤 과부로부터 속포贖布를 줄여 달라는 하소연을 듣고, 나중에 태수太守에게 사실을 알려서 구제해 준 일

• 제13절 〈기선생음식지절記先生飮食之節〉: 3개 항

– 어른을 따라 남의 집에 들어가서 그 어른이 식사를 요구하였을 때 처신하는 예법에 대한 설명

• 제14절 〈기선생거향지사記先生居鄕之事〉: 6개 항

– 오천烏川에 거주하는 김부필金富弼(1516–1577)·김부의金富儀(1525–1582)·김부륜金富倫(1531–1598)·금응협琴應夾(1526–1589)·금응훈琴應壎(1540–1616) 등과 한자리에 모인 적이 있는데, 이때에 향당鄕黨의 여러 사람이 모인 자리에서는 나이 순서대로 좌석에 앉는다는 것을 『예기』「왕제」와 『주례』「당정」의 주註를 논거로 제시하면서 설명한 것

– 향당에서는 나이가 중시되어야 한다는 설명

• 제15절 〈기선생진퇴지절記先生進退之節〉: 7개 항

– 조정의 일에 참여할 때라는 류운룡柳雲龍의 말을 듣고 자

신이 그럴 만한 인물이 안되며 그럴 시기도 아니라는 변명
– 귀향한 뒤에 매화를 마주하고 시를 지어 이덕홍에게 준 일

• **제16절 〈기선생임종지명記先生臨終之命〉**: 6개 항
– 경오년(1570) 12월 2일에 병세가 악화되었는데, 장인의 기일忌日이므로 고기반찬을 놓지 말라고 훈계한 것
– 3일에 방 안에서 설사를 하고 분매盆梅를 옮겨 놓은 일
– 7일 적寂(퇴계의 서자)을 시켜 이덕홍에게 서적을 관리하라고 시키고, 이덕홍이 김부륜 등과 점을 쳐서 겸괘謙卦의 '군자유종君子有終'의 점사占辭를 얻고 실색失色한 일
– 8일 매화에 물을 주라고 시키고, 비바람 치는 소리를 들었는가를 물어보고, 맑은 하늘에 갑자기 구름이 몰려와 1촌寸가량 눈이 내린 일, 얼마 안 되어 누울 자리를 정돈하라고 명하므로 부축하여 일으키니, 앉아서 서거하자 구름이 흩어지고 눈이 갠 일

이렇듯 『계산기선록』은 이황의 학문뿐만 아니라 그의 인품과 생활 면까지도 알 수 있는 매우 중요한 자료가 다수 실려 있다. 그만큼 이덕홍이 이황을 지근거리에서 모시면서 실제 보고 듣고 한 사실을 체계적으로 기록한 것이기에 더욱 신빙성이 있다고 할 수 있다. 그러므로 『계산기선록』은 제자들의 언행록 중에서 형식과 내용 면에서 가장 뛰어나고 절실하다고 할 수 있다.

간재 이덕홍의
삶과 생각

5 계문溪門의 고제高弟가 되다

이덕홍은 스승으로부터 이름과 자와 호를 직접 받았다. 독실한 학문자세로 공부한 것을 인정받아 선기옥형을 스승의 명에 의해 제작하기도 하였다. 그리고 죽기 전에 이황은 그에게 자신의 서적을 정리할 것을 명하였다.

스승이 돌아가신 후로는 스승에 대한 추모사업과 학문탐구에 전념하게 된다. 이황이 죽은 이듬해인 1571년에 스승의 언행을 기록한 『계산기선록』을 집필하게 되고, 퇴계 만시, 제문, 퇴계 선생 묘지 서, 퇴계 선생 묘지명 등을 짓게 된다. 32세 되던 해 4월에 동문들과 도산에서 상덕사의 건립을 의논하고 33세 되던 해 11월 이산서원으로 가서 퇴계의 위패를 봉안한다. 또한 퇴계

문하의 동문과 학문적 토론을 할 뿐만 아니라 평소 스승으로부터 질의하고 답변한 저작물을 편찬하게 된다. 이 중 대표적인 것이 『사서질의』, 『심경질의』, 『주역질의』, 『고문질의』, 『가례증해』 등이다. 여기에는 그의 스승에 대한 존모와 학문의 특장이 고스란히 담겨 있다고 할 수 있다.

이덕홍의 묘갈명은 이수광李睟光(1563–1628)의 손자인 퇴촌退村 이당규李堂揆(1625–1684)가 지었다. 여기에는 당시 이덕홍이 가진 위상이 잘 드러나 있다. 스승인 이황이 세상을 떠난 이후 학문의 의난처에 대해 물어볼 곳이 없었는데, 이때 이덕홍이 그 역할을 대신하게 된다. 역학에 뛰어난 남치리가 그와 더불어 『주역』 「복괘」에 관하여 논하다가 "무릎을 꿇고 또 꿇었다."라는 시구를 지었고, 권우權宇(1552–1590)가 편지에서 "의리에 대하여 밝지 못한 곳이 있어서 월천에게 그것을 질의해 봤는데, 그 가르침이 분명하지 못하여 그대에게 가르침을 받으려 합니다."라고 하였다. 류운룡도 편지에서 "스승을 잃은 후 비록 의문이 나고 알지 못하는 것이 있어도 문의하여 바로잡을 곳이 없으니, 청하건대 『역학계몽』에 관하여 물어보고자 합니다."라고 한 바 있다. 이를 통해 당시 동료나 벗들 사이에서 이덕홍이 학문적으로 매우 존중받았다는 것을 알 수 있다.

그가 추구한 학문관점은 성리학에 대한 내용이 주류이지만 『주역』을 매우 신봉하였고, 과학적 지식도 탐구하였으며, 그런 가운데 심성이기론인 이론성리학보다는 내면의 심성수양에 학문 초점이 있었다고 생각된다. 이것은 『심경』 토론, 심체도설, 위학지도, 위정지도, 부부유별도 언급, 갖가지 명銘 등의 작품을 통해 볼 때 설명이 가능하다. 아울러 미증유의 임란을 통해 매우 현실적인 대안을 제시한 것과 영춘현감 시절 민초들에 대한 방안을 제시한 것 등을 통해 볼 때, 그의 학문은 이론적 측면보다는 현실적인 측면이 더 강하다고 볼 수 있다.

그리고 그의 사후에 이루어진 여러 가지 평가를 떠올려 볼 때, 퇴계 문하의 수많은 제자들 중에 성리학뿐만 아니라 산학, 병학, 과학에 뛰어난 퇴계 문하 고제高弟로서의 당당함을 우리는 볼 수 있다.

흔히 퇴계의 학통을 이은 고제로 월천 조목·학봉 김성일·서애 류성룡·한강 정구 등이 언급된다. 그러나 이러한 학통제자의 선정은 퇴계와의 학문적 교감이나 학파 내에서의 역할에 의해 결정되었다고 보기 어려운 측면이 있다. 이러한 학통은 실상 당대가 아닌 후대에 작성된 것으로 학문적 요인보다는 정치적 요인에 의해 결정되는 경우가 많았다.

이덕홍의 경우 『퇴계집』 편찬에 직접 관여한 14인 중 한 명이었다. 퇴계 사후 『퇴계집』은 주로 예안에 거주하는 선배들인 김부륜·조목·금응협·금난수·금응훈·이덕홍·김택룡과 주로 안동에 거주하는 후배들인 류성룡·김성일·류운룡·우성전·정탁 등이 주도하였다. 편찬 과정에서 향리에 거주하던 조목과 관료로 활동하던 류성룡 사이에 의견 차이가 있었는데, 결국 『퇴계집』은 조목

간재 이덕홍 묘소

의 주도 아래 1600년(선조 33)에 완성되었다. 당시 이덕홍의 입지를 볼 때 이덕홍은 향리에서 선생의 글은 한 마디 한 글자라도 모두 빠뜨리지 않고 실어야 한다는 조목의 원칙에 동의했을 가능성이 높다. 그러나 다만 문집이 간행되기 전에 세상을 떠남으로써 그러한 영향력을 행사하기에 한계가 있었던 것으로 보인다.

이렇듯 이덕홍은 스승인 퇴계와 10여 년을 함께하며 그때의 일상생활을 수기로 남겼고, 스승 사후에는 문집 간행에도 적극적으로 참여하였다. 또 그 과정에서 이룬 학문적 성취도 이론과 현실에 두루 미치는 것이었다. 이것은 그의 문집에 있는 수많은 성리설性理說과 임진왜란 시 관직에 있으면서 올린 상소上疏에 잘 드러난다.

그럼에도 퇴계의 고제 가운데 이덕홍이 잊힌 것은 결국 정치적 요인 때문이다. 이덕홍의 6남 가운데 립苙·강茳·모慕는 1615년(광해군 7)에 동방급제하였고, 점蒧도 이듬해 급제하였다. 그리고 맏손자인 영구榮久도 1618년(광해군 10)에 문과에 급제하였다. 하지만 당시 조정은 폐모론廢母論이 커져 가던 시점이었다. 맏아들인 시蒔의 경우 향리에서 지내기도 했지만, 관직에 들어선 이들은 어쩔 수 없이 광해군 정권에 봉사할 수밖에 없었다. 인조반정仁祖反正이 일어나자 특히 강茳이 광해정권과 깊게 연루되면서 가문이 화를 피할 수 없게 되었다. 간재 이덕홍이 추구한 학문이 인조반정 이후의 정치적 상황에 의해 회복되지 못한 것은 매우 안타까운 일이다.

제3장

간재 이덕홍의 후손들

간재 이덕홍의
후손들

1 선오당 이시와 5형제들

간재 이덕홍의 부인은 영양남씨 남응건의 딸로 정부인에 추대되었다. 슬하에 6남을 두었는데, 이시李蒔, 이립李苙, 이강李茳, 이무李茂, 이점李蒧, 이모李慕이다. 여기서는 이들의 생애와 삶을 통해 이덕홍 사후 영천이씨 집안의 가풍과 그 특색을 확인해 보기로 한다.

1) 선오당善迂堂 이시李蒔(1569-1636)

이시는 이덕홍의 장자로, 자는 중립中立이고, 호는 선오당善迂堂이다. 그는 용모가 단정하고 고우며 언사와 기질이 온화하고 양

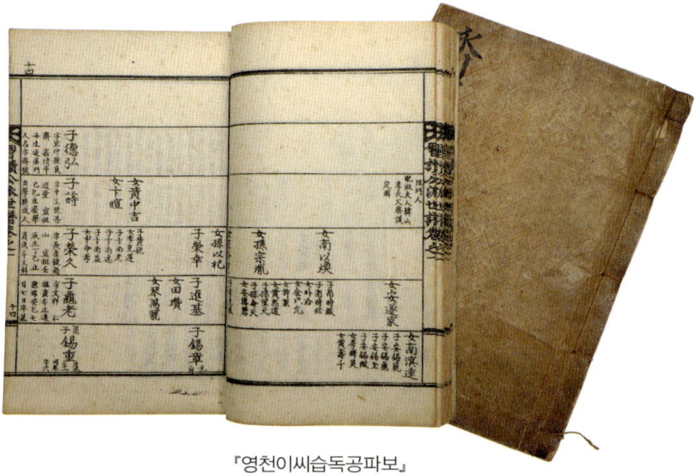

『영천이씨습독공파보』

순하며 가정의 교육을 받을 때는 질문하고 배우기를 좋아하였다. 점점 자라서는 둘째 아우인 립竝과 함께 한강寒岡 정구鄭逑 문하에서 수업하였고 과거는 향시부터 그만두었다.

마을의 서북쪽 모퉁이 솔밭 아래, 합수나들 윗편에 집을 짓고 부친이 취하였던 오계서당 현판을 마루 위에 걸어 놓고, 재호齋號도 '관성'과 '관서'와 '발몽'이라 하였다. 매일 관성재에 거처하면서 종일 단정하게 앉아서 『심경』, 『근사록』, 『퇴계집』을 읽었으며, 늘 청결을 스스로 지키기 위하여 두꺼운 옷을 입지 않고, 옳지 않은 물건은 몸 가까이하지 않으며 보지도 않았다. 관청에 발걸음을 한 적이 없고, 부모를 효성으로 섬기고 아우들과 우애롭게 지냈으며, 온화하고 공손하게 남을 대하고, 한마을의 내외 종반들이 형제나 다름없이 화목하게 지내며 질병이나 환난에는 서로 돌보고 돕기를 성심으로 하니, 인근마을 사람들이 그의 의리 있는 행동에 감복하여 모두 따랐다.

독서하는 여가로 후생을 가르치고 노인에게는 피곤한 빛을 안 보이니, 학생이 날마다 모여들어 각자의 재주에 따라 성취하는 자가 많았다. 정구가 서재를 다녀간 적이 있고 여헌 장현광 역시 말을 타고 왔었는데, 이시가 군자인 아버지를 훌륭하게 계승하였다고 모두 감탄하였다.

여러 아우들이 모두 빼어나게 총명하고 재주가 많으니 우애를 고르게 나누었으며, 돌보는 데 부족함이 있어도 가난을 면하려고 돈이나 토지를 욕심내거나 재물을 팔지 않았다. 그의 가정에 들어오는 부인도 스스로 실천하였으며, 굶주리고 배부르고 춥고 더운 것은 모두 함께 겪는 것이니, 생각이 기쁘면 역시 기쁘고 생각이 우울하면 역시 우울한 것이라 보았다. 허물이나 실수가 있어도 조용히 타이르고 큰소리로 꾸짖거나 화난 빛을 보이지 않았다.

광해군 당시 조정에서 아우 이강이 빨리 승진하게 되면서 타이르는 것을 듣지 않아 낭패하는 지경에 이르렀다. 비로소 그는 사람이 순풍에 돛을 단다면 험한 길도 쉽게 갈 수 있지만, 출발을 잘못하여 폭풍우를 만나면 배는 뒤집히고 사공은 익사한다는 「조주후풍가操舟候風歌」를 지어 아우를 풍자하여 훈계하였으

선오당 현판

나 아우가 깨닫지 못하였다.

인조반정 이후 아우가 선대의 가르침을 따르지 않아 비통함을 당하자 자기가 화근이라 여기고, 또 지난날 사전에 구제할 수 없었음을 상심하였으며, 그 뒤 무려 14년을 대문 밖을 나서지 않고 지냈다. 이후 1636년(인조 14) 5월 21일에 향년 68세로 별세하였다.

부인 진성이씨는 지간芝澗 이종도李宗道의 딸로 슬하에 2남 1녀를 두었는데, 장남 영구榮九는 문과 급제하여 봉사奉事를 지냈고, 차자 영전榮全은 호가 청천와聽天窩로, 목재木齋 홍여하洪汝河가 그에게 배운 적이 있다. 딸은 생원 김이선金履善에게 출가하였다.

유고로는 『선오당일고善迂堂逸稿』(불분권 1책)가 있고, 특히 「조주후풍가」 3장과 「오로가烏鷺歌」 1장의 시조는 국문학 연구에 참

고할 만한 자료이다. 1757년(영조 33)에 사복시정에 추증되었고, 1784년(정조 8)에 오계서원에 배향되었다.

2) 금학당琴鶴堂 이립李苙(1571–1616)

이립은 이덕홍의 차자로, 자는 형원馨遠이고, 호는 금학당琴鶴堂이다. 그는 어려서부터 가정의 학문을 깊이 있게 공부해서 '효제충신孝悌忠信' 넉 자를 날마다 부신으로 삼아 사용했다. 장성해서는 정구鄭逑 문하에서 공부했고, 예서禮書를 수업해서 몸가짐을 자로 잰 듯이 엄정히 하여 근엄함이 더하였다.

임진왜란에 부친이 세자를 평안도 성천成川까지 호종扈從할 때에 이립도 따라갔다. 이때 한강 정구 역시 행재소行在所로 가니, 이립은 부친과 스승을 곁에서 모시며 비록 어려움과 위험을 만나도 살피고 깨달은 까닭에 더 많이 나아갈 수 있었다. 돌아와서는 형 이시와 함께 항상 의리義理를 강론하고 연마했으며, 여러 동생들을 사랑하면서도 엄격히 해서 설사 조그마한 일이라도 감히 함부로 하지 않았다.

1594년(선조 27)에 부친이 조모 박씨의 묘소에서 시묘하자 자신도 매일 두 번씩 가서 살피고, 비바람이 몰아쳐도 그만두지 않았다. 1596년(선조 29)에 부친상을 당해서는 정구가 지은 가례에 의거하니, 보는 사람 모두가 그의 선행을 칭찬했다.

그는 과거공부를 조금 했었지만 원래 뜻하던 바는 아니었다.

1609년(광해군 1)에 생원시에 합격하고, 1615년(광해군 7)에 문과에 급제하여 성균관 박사가 되고, 그해 겨울에 세자시강원 설서에 제수되어 빨리 부임하라는 유지兪旨가 내려 왔으나, 그는 이때 세상을 떠났다.

부인 진성이씨는 현감 이정회李庭檜의 딸로 슬하에 4남 1녀를 두었는데, 영급榮伋, 영수榮修, 영계榮係, 영준榮儁이고, 딸은 이성침李成琛에게 출가하였다.

3) 천유자天遊子 이점李蒧(1579-1627)

이점은 이덕홍의 다섯째 아들로 자는 사성師聖이고 호를 천유자天遊子와 태백太白이라고 했다. 모습이 훤칠하고 성품이 영리하여 겨우 7, 8세에 글자를 맞추어 낱말을 만드니, 부친이 특히 귀여워하며 사람 되는 도리를 가르쳤다고 한다. 『심경』의 글을 찬획하는 데 참여한 적이 있는데 가장 요긴한 학문을 했다고 소문이 났다. 1596년(선조 29)에 부친이 별세하니, 어려서 상주가 되어 배울 곳이 없어 스스로 더욱 분발하여 학문에 힘썼다.

형 이시, 이립과 함께 한강 정구 문하에서 배우니, 정구가 첫눈에 남다르게 여겨서 "이 사람은 천재로다."라고 하며 계몽도서啓蒙圖書를 베끼도록 하였고, 모사模寫한 「무이구곡시武夷九曲詩」를 주었다. 이점은 선생에게 빌린 『역대첩록歷代捷錄』을 참고하여 인물지人物誌를 만들어 드릴 정도로 견문과 지식이 정밀하고 박식

하였다. 구전苟全 김중청金中清(1567-1629)이 외내[迂川] 남양촌南陽村에서 살게 되어 그가 매일 저녁에 찾아가서 수업하니, 학문이 크게 증진되고 문장으로 당시에 크게 이름이 나서 모두 우러러보았다. 현곡玄谷 조찬한趙纘韓(1572-1631), 육우六友 박회무朴檜茂(1575-1666), 노천蘆川 권태일權泰一(1569-1631)과 서신을 왕래하며 교유하였다.

이점은 학문을 하면서 과거공부를 하여 약관인 16, 17세에 향시 대소과大小科에 연달아 장원으로 합격하였다. 이에 학호鶴湖 김봉조金奉祖(1572-1630)가 그의 기개와 도량이 크고 문장이 풍부하다고 평하기도 하였다. 1609년(광해군 1)에 사마司馬 양시兩試에 장원으로 합격했고, 1616년(광해군 8)에 순릉참봉에 제수되었다. 또 그해 알성시에 급제하여 성균관 학유에 보직됐고, 이듬해 예문관 검열과 대교, 세자시강원 설서로 승진되었다. 이때 폐모론이 확산되자 문밖 출입을 삼가고 조용히 지내며 다시는 벼슬에 나아갈 뜻을 두지 않았다.

1622년(광해군 14) 4월에 유곡찰방幽谷察訪에 임명되어 부임하였는데, 그때 고송孤松 박성범朴成範(1568-1654)이 송별시送別詩에서 이르기를 "천 리 염정에 5월의 하늘은 무더운데, 자네를 보내는 이 마음은 아득하구나. 유곡으로 떠나는 벼슬길 한탄만 하리오. 시비에 휘말려 수레 타고 귀양 가는 신선 같구나."라고 하였다. 훌륭한 재능을 지니고도 시골역 찰방으로 가야 하는 처지를 애석해하였다.

이듬해 1623년(인조 1)에 인조반정으로 북인北人이 공격받을

천유정

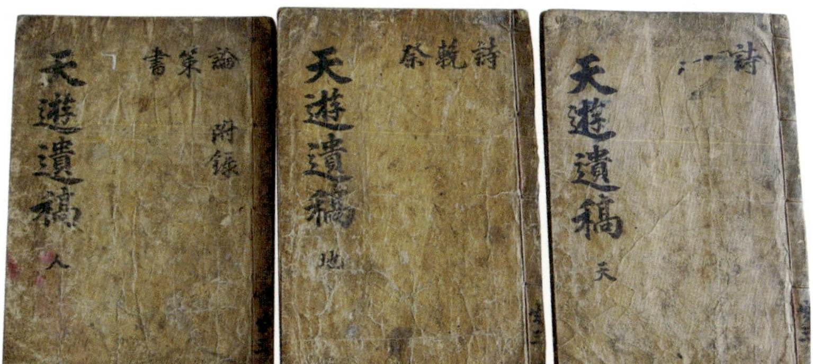

『천유유고』

때, 이점은 이강李茳의 아우로 연좌되어 함경도 경원慶源에 유배되었다. 모든 사람들이 필시 살아서 돌아오지 못할 것을 예상하고 위로하자, "나는 비록 폐모론에 참여하지는 않았으나, 죽음을 무릅쓰고 간하지 못했으니, 북쪽으로 유배가는 것만도 은전이라 할 것이니, 무엇을 원망하겠는가. 다만 노모께서 병환이 위태로운데도 조석으로 문안드리지 못하고 천 리 길을 떠나가 심려를 끼쳐 드리게 되었으니, 불효를 저지른 죄인이다."라고 했다. 그날로 길을 나서니, 아들 영만榮萬이 따라갔다가 다시 고향으로 돌아올 때 그가 시를 지어 훈계하기를 "맑은 냇물도 조심하여 건너고, 보슬비에도 옷이 젖는 법이니, 몸가짐은 오직 충효에 두고, 남의 시시비비를 논하지 말라."라고 했다. 항상 해가 바뀌면 경황없이 멀리 유배됐으나 하루도 감히 고향을 잊은 적이 없었으며, 「망향대望鄕坮」와 「구사九思」 등의 시를 지어 스스로 시름을 풀었다.

1627년(인조 5)에 정묘호란丁卯胡亂이 일어나자 감사가 병사兵使와 더불어 군사를 정돈하여 요격을 막으려고 하였다. 이때 그가 벼슬 없이 종사하여 수비하는 계략을 세우니, 진영이 모두 한결같이 따랐다. 오랑캐가 퇴각한 후 여러 고을이 모여서 잔치를 크게 할 때, 그가 몹시 취하고 마음이 울적하여 읊은 시에 이르기를 "심사는 푸른 하늘 태양처럼 깨끗하고, 생애는 밝은 달밤 바람같이 맑도다. 이 한 몸 머나먼 천 리 타향에 유배됐으나, 마음은 낙동강 동쪽 고향에 가서 있네."라고 하였다. 이때 기생에게 노래를 부르게 하고는 갑자기 외마디 소리를 지르고 기침을 크게 하더니, 쓰러져서 일어나지 못하였다고 한다.

이점이 별세하자 경원부사 김대건金大乾이 초종 절차부터 염습까지 도맡아 수습하였고, 제문까지 지어서 고향으로 운구하도록 도와주었다. 그의 아들인 영만榮萬은 조모상祖母喪으로 고향집에 있다가 늦게야 달려와서 이듬해인 1628년(인조 6) 정월에 관을 모시고 남으로 귀향하였다.

이보다 앞서 진주사陳奏使의 일로 인해 조정에서 처리하기 곤란한 문자가 있었다. 조정의 많은 신하들이 "이점은 문장이 뛰어나게 훌륭하고 식견이 넓고 꾀가 깊으니 이 사람이 아니면 안 됩니다."라고 진언하자 임금이 부르라고 교시했는데, 이미 그가 죽었다는 소문에 매우 애통해하였다. 이에 인조는 특별히 은전을 베풀어 관직을 회복시켜 주었으나, 실제로 직접 환수받은 것은 23년 뒤인 1649년이었다.

4) 소백小白 이모李慕(1582–1639)

이모은 이덕홍의 여섯째 아들로, 자는 효사孝思며, 호는 소백小白이다. 처음엔 백형인 선오당 이시에게 배우다가, 뒤에 한강 정구와 장인丈人인 구전 김중천의 문인이 되었다. 1615년(광해군 7)에 문과에 급제하여 세자시강원설서, 홍문관부수찬 등을 역임하였다. 1623년(인조 1)에 인조반정이 일어나자 폐모론에 연좌되어 울진蔚珍으로 귀양을 갔다. 이후 황해도 은율殷栗로 옮겨 가 10년간 유배 생활을 하였다. 유배가 끝나 고향으로 돌아왔으나, 겨우 4년 후에 별세하였다. 특히 울진에서는 선행과 향민교화에 힘써 성황당의 당신堂神으로 모셔졌고, 은율에 있을 때 후진을 가르쳐 성취가 빈번해지자 그곳 사람들이 '관서부자關西夫子'라 불렀다고 한다.

간재 이덕홍의
후손들

2 영천이씨 후예들

1) 우백당友栢堂 이영만李榮萬(1602-1672)

이영만은 천유자 이점의 아들로 이덕홍의 손자가 된다. 자는 만길萬吉이고, 호는 우백당友栢堂으로, 어머니는 야성송씨冶城宋氏 군자감정軍資監正 복임福稔의 딸이다.

그는 어려서부터 부모 섬기기를 어른처럼 한결같이 했고, 조모가 높은 연세로 기력이 허약하고 정신이 혼미하여 병환이 자주 들자 그가 날마다 좋아하는 음식을 드리고 극진히 모셨다.

1623년(인조 1)에 인조반정으로 인하여 부친인 이점이 함경도 경원으로 귀양길에 오르자 2,700여 리를 모시고 한 달 남짓 가서 배소配所에 이르렀다. 산천이 험악하고 풍속은 몹시 사나운 곳이었으나 그가 홀로 정성을 다하여 모셨다.

이후 그가 혼기가 지났으나 결혼을 하지 않았음을 매우 안타까워하는 모친을 생각하여 귀가하고자 하니, 부친이 시를 지어 위로하면서 이르기를 "정녕 이별이란 말인가. 무더위에도 집에 간다니 좋고도 좋으리라. 맑은 냇물도 조심하여 건너고, 보슬비에도 옷이 젖는 법이니, 몸가짐은 오직 충효에 두고, 남의 시비에 말려들지 말지어다. 아비의 유배는 풀리지 않고, 천 리 밖에서 외로움만 쌓이네."라고 하였다. 그가 시를 받들고 흐느끼면서 돌아왔다가 해마다 왕래하며 아침저녁으로 안부를 살피고 모셨다.

1627년(인조 5) 가을에 모친상을 당했는데, 또 엄동설한에 천 리 밖의 부친의 부음을 들었다. 그날로 통곡하며 추위를 무릅쓰고 밤낮을 잊고 경원으로 가니, 경원부사 김대건이 이미 습염을 마치고 글을 지어 제사를 지냈었다. 이에 관곽을 모시고 귀향하였다.

쌍계雙溪(합수나들)의 위쪽에 집을 짓고 우백당友栢堂이라 편액하였다. 부인은 봉화금씨奉化琴氏 진사 대수大遂의 딸이고, 종형從兄인 영구榮久의 아들 학노鶴老를 양자로 들였다.

2) 청천와聽天窩 이영전李榮全(1601-1678)

이영전은 선오당 이시의 차자로 이덕홍의 손자이다. 자는 원길元吉이고, 모친은 진성이씨 진사 종도宗道의 딸이다.

그는 외내[迂川]의 본가에서 출생하였다. 스승에게 나아가서는 침식을 잊을 지경으로 자기도 모르게 탐독했고 경전과 정주학의 여러 서적에 깊이 빠졌다. 매일 첫닭이 울면 세수하고 의관을 갖추고서 부모에게 문안드린 후, 물러나서는 책상 앞에서 종일토록 사물에 마음을 쓰지 않고 의리를 깊이 연구하여 몸소 체험하고 실행에 노력했다.

장차 뜻을 새로이 펼쳐 보려는 때, 세상의 가치가 상서롭지 못하고 사람을 공정하게 등용하지 않으니, 이에 진취할 뜻을 접고 집안에서 조용히 지내면서 매일 글과 역사로써 스스로 즐거워하였다. 이에 시를 지어 이르기를 "인생의 곤궁하고 영달함은 모두 하늘에 달렸거늘, 분수에 지나치게 영리營利를 경영하는 것은 하늘을 거역함이다."라고 했다. 또 말하기를 "늘그막에 전원에다가 오두막을 한 채 지어 놓고, 산나물 캐고 물고기 잡으며 여생을 보내련다."라고 했다. 처마 끝에 '청천와聽天窩'라는 현판을 달고는 "무릇 내 몸 일체는 하늘에서 모든 것을 들을 뿐이다."라고 했다. 일찍이 달 밝고 고요한 밤에 전원을 배회하면서 소나무를 어루만지며 노닐다가 기분이 울적하여 이르기를 "이것은 거듭되는 풍상을 겪으면서도 오히려 울창한 푸르름을 머금고 있으니, 나의 벗이 될 만하다."라고 하였다. 무릇 세간의 영욕은 뜬구름같이 보고 하나라도 시사時事에 관련짓지 않았고, 간혹 독서하는 여가에 나무꾼 차림으로 산수의 경치 좋은 곳을 거닐면서 심성의

청천와 전경

청천와 편액

본분을 닦을 뿐이었다.

당시의 권력자가 여러 번 벼슬에 나가기를 권했으나 끝내 거절하니, 사람들이 청절자淸節者라 칭송했다고 전해 온다. 만년에 노인을 우대하는 은전을 내렸으나 받지 않음으로써 자신을 표현했고, 세상을 떠나고 수년이 지나서 승지承旨의 첩지가 내려졌다.

부인은 광주이씨廣州李氏 근곤根坤의 딸과 단양장씨丹陽張氏 우량宇樑의 딸이다. 슬하에 4남 6녀를 두었는데, 아들은 성노星老, 이노二老, 삼노三老, 사노四老이고, 딸은 금성달琴聲達, 금서달琴瑞達, 이직열李稷烈, 금잠琴箴, 김태세金泰世, 나수일羅守一에게 출가하였다.

3) 묵와默窩 이경태李慶泰(1689-1755)

이경태는 이석창李錫昌의 아들로 이덕홍의 5세손이다. 자는 대유大裕이고, 호는 묵와默窩로 어머니는 야성송씨冶城宋氏 재도載道의 딸이다.

그는 조상의 현창사업에 온갖 힘을 쏟았다. 먼저 이덕홍의 문고文稿를 목판木版으로 간행하였다. 또 이시李蒔의 유적遺蹟이 없어지고 흩어져서 보존하지 못한 것을 가까이서 찾아내고 널리 거두어 간략하게나마 정돈하여 편성하였다. 오계서원이 큰물에 침수되어 기울고 무너지자 앞장서서 구축構築하였고, 군자당君子塘가에 작은 정자를 지었으며, 여러 대의 조상 분묘에 각각 위토位土를 마련했다.

또 조상이 남긴 자취인 신암의 폭포[新巖瀑布]와 홍정의 소게정[洪亭召憩], 남양의 초려[南陽艸廬] 같은 곳에 반드시 손님과 벗을 널리 초대하여, 즐겁게 노닐며 술도 마시고 시도 읊으면서 추모의 정을 극진히 했다.

입재立齋 강재항姜再恒, 김서조金瑞朝, 권만우權萬尤 등과 교유하였다. 부인은 우계이씨羽溪李氏 주로周老의 딸이다. 슬하에 자식이 없어서 동생 항태恒泰의 아들 희犧를 양자로 삼았다.

4) 침산枕山 이세강李世鋼(1846-1917)

이세강은 이인규李寅奎의 아들로 이덕홍의 9세손이다. 자는 치련穉鍊이고, 호는 침산枕山으로, 어머니는 함창김씨咸昌金氏 진악鎭岳의 딸이다.

그는 어린 시절에 이미 과거를 재빠르게 단련한다는 소문이 있었지만, 여러 번 낙방하여 마음을 잡지 못하였다. 이후 계당溪堂 류주목柳疇睦(1813-1872)과 운산雲山 이휘재李彙載(1795-1875)의 문하에서 수학하며 경전을 깊이 탐구하여 『주자서절요朱子書節要』를 힘써 공부하였다. 30세가 되자 이를 아는 친구들이 '주서옹朱書翁'이라며 칭찬하였다.

1910년에 경술국치庚戌國恥를 당하자 슬프고 분함을 스스로 이기지 못해서 시를 지어 뜻을 보였다. 일본인들이 노인을 우대한다고 일컬으며 우리나라 사람들에게 돈을 나누어 주고 따르지

침산정 전경

침산정 현판

않는 자는 위협하니, 이세강이 대의大義를 거론하면서 글을 써서 물리쳤다. 이에 사람들이 혹시 위험할까 염려했으나 개의치 않았다.

늘그막에 여러 자제에게 말하기를 "내가 스스로 정신과 넋을 검사하니 반드시 오래가지 못한다."라고 하고, 며칠 되지 않아서 편안하게 세상을 떠났다.

부인은 광산김씨光山金氏 도명道明의 딸로 유일재惟一齋 김언기金彦璣의 후손이다. 슬하에 3남 2녀를 두었는데, 아들은 운연運淵, 건연建淵, 기연起淵이고, 딸은 김기림金淇林과 김일상金馹相에게 각기 출가하였다. 『침산유고枕山遺稿』를 남겼다.

제4장

간재 종가의 문한과 유교경관

1 종가의 고문헌과 목판

1) 간재종가의 고문헌

간재종가에서 소장한 유물 중 고전적 14종과 고문서 32종 등 총 46건이 2006년에 경상북도 유형문화재 제381호로 일괄지정되었다. 여기서는 이를 위주로 간재종가가 소장해 온 유물을 살펴보고자 한다.

문화재로 지정된 고서는 모두 필사본으로 『가례주석家禮註釋』 1책, 『간재강록艮齋講錄』 1책, 『간재선생문집艮齋先生文集』 2책, 『계산기선록溪山記善錄』 1책, 『간재선조유묵艮齋先祖遺墨』 1책, 『논어강요論語講要』 2책, 『사서질의四書質疑』 1책, 『시전대전詩傳大全』 3책,

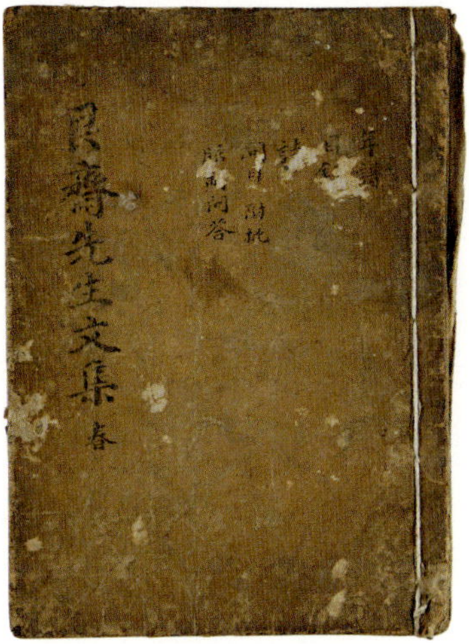

『간재선생문집』

『선조수적先祖手蹟』 1책, 『심경질의心經質疑』 1책, 『오계지迂溪誌』 1책, 『고문전집古文前集』 1책, 『주역전의대전周易傳義大全』 1책, 『주역질의周易質疑』 1책이다. 이 책들은 대부분 후에 목판으로 간행된 『간재선생문집艮齋先生文集』과 『간재선생속집艮齋先生續集』의 저본으로 사용된 것이다. 그러나 문집의 편집과정에서 빠지게 된 내용도 상당수 포함하고 있어 자료적 가치는 매우 높다.

이 중에서 『가례주석』은 이덕홍이 직접 편찬한 책이다. 1568년(선조 1) 1월에 이덕홍은 이황이 동성同姓의 사촌손녀 상에 조곡弔哭하러 갈 때 부족夫族으로 따라가게 되었다. 이때 이황에게 『주자가례』에 대하여 의문 나는 것을 묻고, 이어 독자적인 해설을 더하

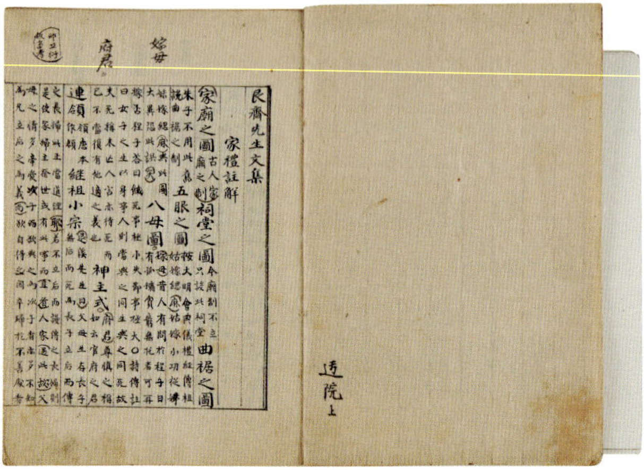

『가례주석』

여 작성한 것이다. 『간재선생속집』 권5에 이 글이 실려 있다.

'질의質疑'서는 이덕홍이 경전 중에서 의심나는 부분을 이황에게 물어 정리한 책이다. 이 질의서들이 『간재선생속집』을 이루고 있다. 문화재로 지정된 것은 모두 속집 편찬의 저본이 되는 필사본들이다. 『사서질의』는 사서四書 중에서 중요한 구절이나 의심스러운 부분을 주석한 것으로 『논어』에서 20편, 『맹자』에서 '양혜왕' 이하 4편, 『대학』에서 22조목, 『중용』에서 30조목을 분류하여 기재한 것이다. 『심경부주』는 이황이 높이 받들어 연구한 것으로 이덕홍은 이에 대해서도 질의서를 편찬하였다. 「간재연보」에 의하면 숙종 대에 『심경질의』가 경연에서 진강進講된 적이 있다고 한다. 『주역질의』는 『주역』에서 문제 되는 구절을 뽑아서 정리한 것으로

『간재선생속집』에는 간략히 정리되어 수록되었다.

『계산기선록』은 이덕홍이 스승인 이황으로부터 보고 들은 것을 모아서 엮은 책이다. 이것은 『간재선생문집』에 실려 있다. 2권으로 되어 있는데, 권1은 주로 이황의 언행을 기록하였고, 권2는 언행과 함께 문답한 것이 실려 있다. 이덕홍의 외증손인 김만휴金萬烋(1625-1694)가 편찬하였다. 「간재연보」에는 1679년(숙종 5)에 조신朝臣들의 건의로 『사서질의』와 『계산기선록』이 홍문관에 보관되었고, 또 1685년(숙종 11)에 참판 이유李秞의 건의로 『주역질의』가 홍문관에 보관되었다고 한다. 『심경질의』도 진강에 사용되었던 것으로 보아 어느 시점에 홍문관에 보관되었으리라고 추측된다.

『논어강요』는 『논어』의 중요한 구절에 대해 핵심적 요의要義를 설명한 책이다. 이 책에서는 『논어』 「태백太白」 전편全篇과 「자한子罕」 편의 첫 부분으로 구성되어 있다. 각 구절마다 구결口訣을 달아 놓고 자세히 설명하고 있다. 영천이씨 간재종가의 자제들에게 『논어』의 핵심을 가르치기 위해 편찬한 요약식 교과서였을 뿐 아니라, 학식이 깊은 어른들이 들춰 보며 『논어』의 의미를 되새기기 위한 목적으로 만들어진 책이다.

『선조수적』은 이덕홍과 관련된 친필 서한 및 공문서를 모아 놓은 필첩이다. 이덕홍을 가선대부嘉善大夫에 추증한다는 글과 퇴계 선생에게 보내는 편지(「상노선생서上老先生書」), 그리고 그에 대해 이황이 답하는 편지(「답상노선생서答上老先生書」) 등으로 구성되어 있다. 『간재선조유묵』은 스승의 풍모를 기술한 필첩이다. 이황이 청량

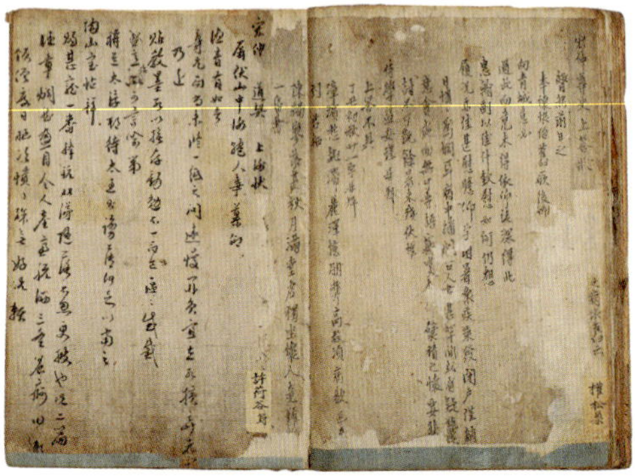

『선조수적』

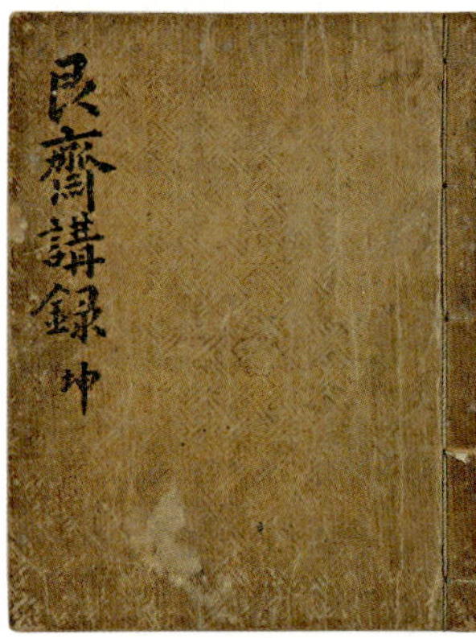

『간재강록』

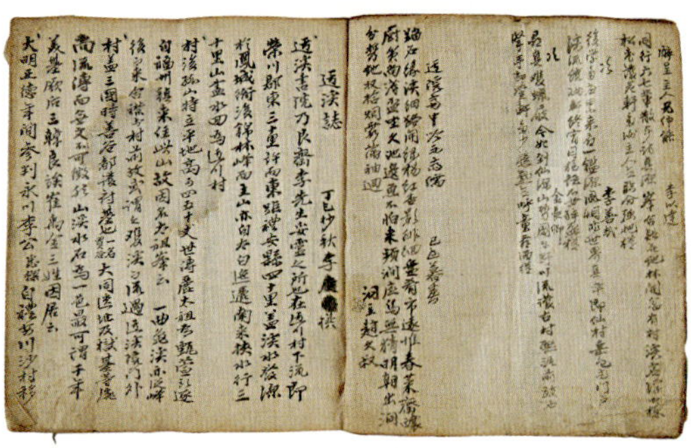

『오계지』

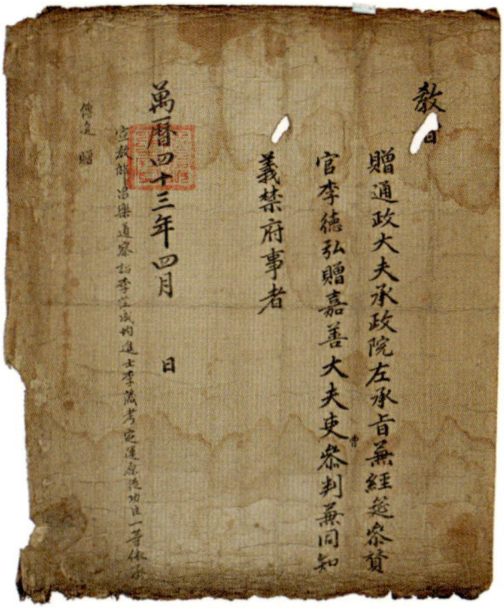
教旨
贈通政大夫承政院左承旨兼經筵參贊
官李德弘贈嘉善大夫吏曹參判兼同知
義禁府事者
萬曆四十三年四月 日

이조참판 증직 교지

산 산사山寺에서 머물며 책상을 대하고 올곧이 앉아 공부하던 모습, 여러 사람들과 희희낙락하기보다는 홀로 방 안에 앉아 본원을 함양하던 모습들을 기술하고 있다. 『간재강록』은 이덕홍의 제자들이 그의 강의를 기록한 책이다.

『오계지』는 이덕홍과 이시를 배향하고 있는 오계서원의 서원지이다. 연혁을 서술한 부분에 '정사丁巳'에 이경태李慶泰가 썼다고 한 것으로 보아 1737년 무렵부터 작성된 것으로 추정된다. 오계서원은 1663년(현종 4)에 서원이 되었으며, 1711년(숙종 37)에 현 위치로 이건되고 이시가 추배되었다.

고문서는 교지敎旨·교첩敎牒 등 교령류敎令類가 24건, 시권試券이 5건, 천목薦目·정배시부조기定配時扶助記·명문明文이 각 1건 등 모두 32건이 있다. 교령류 중 이덕홍의 것이 5건, 부인인 영양남씨에게 내려진 것이 2건, 장자인 이시에게 내려진 것이 1건, 이시의 부인인 진성이씨에게 내려진 것이 1건, 맏손자인 이영구에게 내려진 것이 3건, 5자인 이점에게 내려진 것이 12건이다. 간재가 받은 교지는 1594년(선조 27)에 조봉대부 영춘현감에 임명된 것, 1615년(광해군 7)에 이조참판으로 증직된 것 등이 있다.

시권은 이영구의 것이 1건이고, 이점의 것이 4건이다. 이점이 1609년(광해군 1)에 생원·진사 양시兩試에 입격하였고, 1616년(광해군 8)에 문과에 급제하였는데, 그때의 시권이다. 이영구의 것은 1617년(광해군 9) 생원 입격 당시의 것이다.

천목薦目은 1578년(선조 11)에 천거받았던 9명의 명단을 후대에 적어 놓은 것이다. 이때 천거받은 9인은 한강 정구, 비지 남치리, 성암 성호, 간재 이덕홍, 사계 김장생, 치암 구사민, 송학 권응시, 김탁신, 문몽원 등이며 간재는 4번째로 추천을 받았다. 천거의 이유로 "선을 보면 흥기하고, 뜻을 다잡고 독서하다[見善興起 勵志讀書]."라고 적혀 있다.

정배시부조기定配時扶助記는 1590년(선조 23) 당시 이덕홍이 파직된 상황을 전하는 것이다. 당시에 그는 종묘직장宗廟直長으로 있었다. 이때 수복守僕인 이산利山이라는 자가 종묘의 보기寶器를 훔치고 흔적을 없애려고 종묘에 불을 놓으려고 하였다. 불이 붙기 전에 수묘군守廟軍이 알려서 입직을 서던 이덕홍은 화재를 진압할 수 있었다. 그러나 이 사건으로 수복은 복주伏誅되었고, 이덕홍

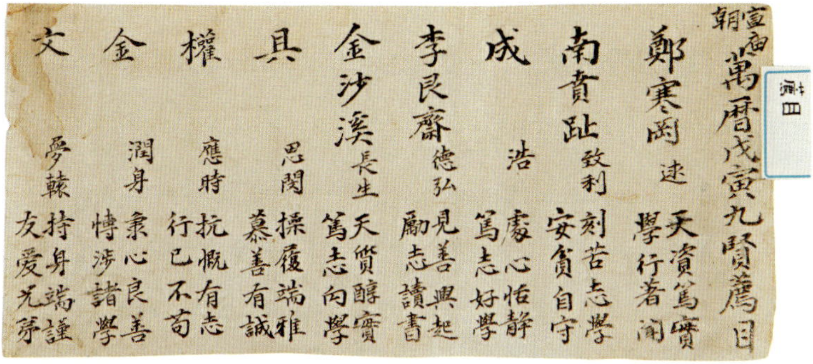

宣廟朝 萬曆戊寅九賢薦目

鄭寒岡 逑 天資篤實 學行著聞

南貴趾 致利 刻苦志學 安貧自守

成 浩 處心恬靜 篤志好學

李艮齋 德弘 見善興起 勵志讀書

金沙溪 長生 天質醇實 篤志向學

具 思閔 操履端雅 慕善有誠

權 應時 抗慨有志 行己不苟

金 潤身 秉心良善 博涉諸學

文 夢轅 持身端謹 友愛尤篤

천목

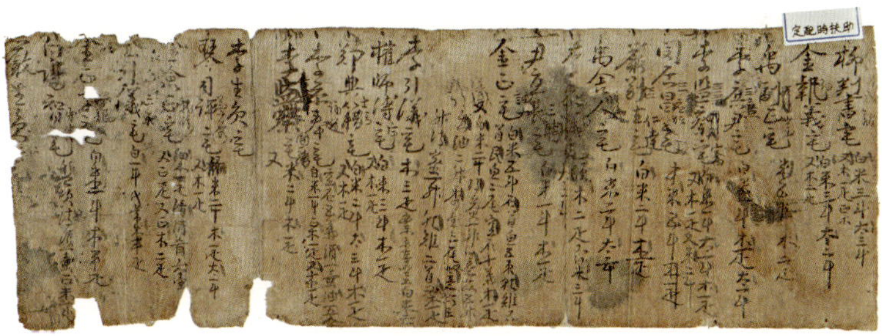

정배시부조기

은 한 달 남짓 옥에 갇혔다가 원례原例에 따라 평은역平恩驛으로 유배되었다. 얼마 되지 않아서 그는 석방되어 집으로 돌아갔는데, 당시 유배를 떠날 때 판서 류성룡, 집의 김륵, 정언 김성일, 사인 우성전, 사부 권우, 전적 정사신, 감찰 이교, 참봉 이영도, 사평 금난수, 첨정 김취려, 부정 우세신, 광주부윤 이삼희 등이 쌀과 베로 노자를 주었다. 이 문서는 그러한 당시의 상황을 잘 알려 준다.

2) 간재종가의 목판

간재종가에서 소장하고 있던 목판은 『간재선생문집艮齋先生文集』, 『간재선생속집艮齋先生續集』, 『선오당선생일고善迂堂先生逸稿』, 『신암록新巖錄』 등 모두 4종 276장이다. 한국국학진흥원에 소장된 다른 유교목판들과 함께 2015년에 유네스코 세계기록유산으로 등재되었다. 간재종가의 목판에 대해 자세히 알아보면 다음과 같다.

(1) 『간재선생문집』

간재 이덕홍의 시문집 중간본으로 8권 4책으로 구성되어 있으며, 목판은 모두 130장이다. 초간본을 만들 당시의 눌은訥隱 이광정李光庭(1674–1756)의 서문과 중간본을 판각할 때의 구옹龜翁 정언충鄭彦忠(1706–1772)의 서문이 모두 들어 있다. 서문 다음은 목록目錄, 권1–권7, 연보, 발跋의 순서로 구성되어 있다. 발문은 청대淸臺 권상일權相一(1679–1759)이 썼다.

원래 『간재선생문집』은 가장원고家藏原稿를 간재의 외증손인 김만휴가 1666년(현종 7)에 편집하였다. 이후 1743년(영조 19)에 이광정이 교정을 보고 서문을 작성하였으며, 1751년(영조 27)에 권상일이 연보를 추가하고 원본을 재편집하여 이듬해인 1752년에 활자본으로 간행하였다. 이때 간재종가에서 문집간행을 주도한 사람은 이경태李慶泰와 이장태李長泰였다. 그러나 이 초간본이 미흡한 점이 있자 이상태李常泰가 오계서원의 원유 갈수헌渴睡軒 김위金瑋(1709–1788)와

『간재선생문집』 목판

함께 대산大山 이상정李象靖(1711–1781)에게 재편집과 교정을 의뢰하고, 1766년(영조 42)에 오계서원에서 간행하였다. 현재 2장이 결락되어 있다.

(2) 『간재선생속집』

『간재선생문집』 중간본의 속집으로 5권 3책으로 구성되어 있으며, 목판은 모두 96장이다. 오계서원에서 『간재선생문집』을 만들 때 가장하고 있던 '질의質疑' 부분은 간행하지 못하였다. 때문에 1829년(순조 29)에 후손과 지역의 사림들이 나머지 부분을 속집으로 오계서원에서 간행한 것이다. 구성은 권1 『사서질의』, 권2 『주역질의』, 권3 『심경질의』, 권4 『고문질의』, 권5 『가례주해』로 되어 있다. '질의'라고 이름한 것은 이덕홍이 퇴계 문하에서 수학하면서 의문 나는 부분을 질문한 것과 퇴계의 답변을 정리하고 주석을 모아 놓은 것이기 때문이다. 발문은 강고江皐 류심춘柳尋春(1762-1834)이 작성하였다. 결락된 목판은 없고, 발문 3면의 뒷장에 『선오당선생일고』의 지識 1면이 함께 새겨져 있어, 두 책판이 함께 간행되었다는 것을 알 수 있다.

(3) 『선오당선생일고』

선오당 이시의 시문집 일고逸稿로 1책으로 구성되어 있으며, 목판은 모두 25장이다. 이시가 남긴 시詩, 부賦, 서書, 가歌, 제문祭文, 잡저雜著와 보유補遺가 있고, 부록으로 실기實記, 유사遺事, 행장行狀, 만사輓詞, 제문祭文, 통유문通諭文, 봉안문奉安文, 문인록門人錄, 오계서당강화록이 있다. 권을 따로 구분하지는 않았다. 후손인 이현묵李賢默이 쓴 지識와 류심춘柳尋春의 발문이 말미에 수록되어 있다. 결락된 목판은 없으며, 1829년(순조 29)에 『간재선생속집』을 간행할 때 오계서원에서 함께 간행하였다.

(4) 『신암록』

이황과 이덕홍은 현재 안동시 녹전면 매정리 담마마을에 있는 신암폭포를 유람하고 시를 남겼다. 이것을 후대의 사림들이 추모하기 위해 1664년(현종 5)에 유계儒稧를 결성하였는데, 『신암록』은 그 당시의 기록이다. 목판은 모두 25장이다.

서두에 이황과 이덕홍이 신암폭포를 유람하게 된 이유가 적혀

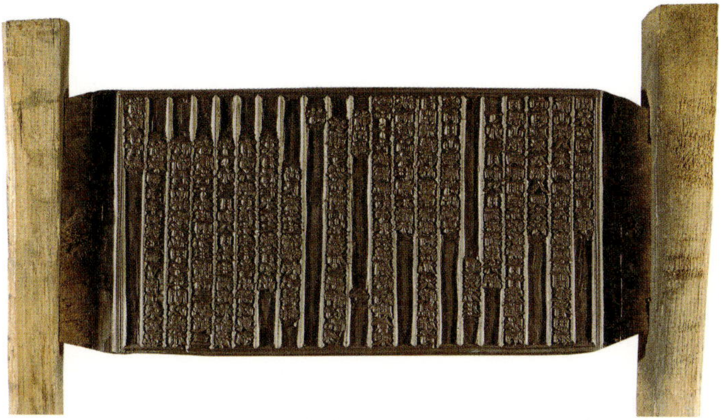

『신암록』 목판

있고, 이어 1564년(명종 19)에 이황이 처음 유람하고 쓴 시 2수와 1567년(명종 22)에 두 번째 유람하고 쓴 시 8수가 수록되어 있다. 1664년의 계회는 학사 김응조 등이 열었고, 이후 계회 때 지은 시와 시를 지은 인물들의 약력을 간략히 기재하였다. 현재 신암폭포는 병오년에 새겼다는 각자刻字가 있는데, 계회 시기를 통해 보면 병오년은 1666년으로 추정된다.

말미에 간기가 있는데, 『신암록』이 목판으로 간행된 시기는 1923년이다. 이때 간행을 주도한 사람은 간재의 10세손인 이운연李運淵이며, 오계서원에서 간행하였다. 결락된 목판은 없다.

간재종가의 문한과
유교경관

2 종가의 유교경관

1) 간재종택

간재종택은 이덕홍의 종택으로, 현재 안동시 녹전면 원천리 외내에 위치하고 있다. 옛 간재종택은 이덕홍이 지어 거처하던 집으로 대를 이어 문내門內의 여러 사람들이 거처하며 학업을 익히던 곳이었으나, 안타깝게도 정확한 건립 시기와 장소는 고증할 수 없다. 원래 살림집이었던 만큼 부인 남씨南氏를 맞이한 1568년(선조 1) 무렵에 건립되었을 것으로 추정된다. 장소는 현재의 종택에서 시내 방향, 곧 남서향으로 조금 떨어진 곳이었을 것으로 보인다. 1636년(인조 14) 5월 21일에 대홍수로 표실된 것으로 보아

현 종택보다는 낮은 지대에 위치했던 것으로 추정된다.

종택의 당호는 선오당인데, 한국국학진흥원에 기탁된 현판의 글씨는 1912년에 해사海士 김성근金聲根(1835-1919)이 쓴 것이다. 종택은 안동에서 봉화로 가는 길목인 외내 마을의 뒷산 끝자락에 위치하고 있다. 뒤로는 산을 등지고 있고, 앞으로는 농경지가 넓게 형성되어 있어 멀리서도 한눈에 보이는 좋은 자리이다. 대지의 주위로는 가택들이 인접하지 않고, 대신 경사지가 집 둘레를 아늑하게 감싸 안고 있다.

경사지 아래의 널찍하고 평탄한 지형을 골라 앞쪽과 오른쪽에는 담장을 쌓고 왼쪽과 뒤쪽에는 축대를 쌓아 일곽을 구획하였다. 대지는 앞과 뒤를 2단 높이로 정지하여 一자형 대문간채를 앞에 두고 ㅁ자형 정침을 그와 평행하게 뒤쪽으로 서남향하도록 배치하였고, 정침의 오른쪽 지대가 높은 곳에 묘우廟宇 일곽을 따로 배치하였다.

대문간채는 정면 3칸, 측면 1칸 규모로, 홑처마 팔작지붕에 한식골기와를 이은 一자형 건물이고, 정침은 정면 6칸, 측면 4칸 규모로, 홑처마 팔작지붕에 한식골기와를 이은 ㅁ자형 건물이다. 묘우는 정면 3칸, 측면 1칸 반 규모로, 홑처마 박공지붕에 한식골기와를 이은 一자형 건물이고, 묘우 정문은 삼문이 아닌 단문이다.

간재종택은 비록 건립연대가 오래되어 보이지는 않으나, 일곽에 묘우를 갖추고 사랑채와 안채, 그리고 대문간채가 있어서 건축적 가치가 높아 보인다. 그런데 지금 우리가 볼 수 있는 종택

간재종택

간재종택 항공사진

은 세월의 흐름에 따라 여러 차례 중건을 거친 것으로 보인다. 따라서 종택이 중건된 과정을 살펴봄으로써 종택의 변화와 그 안에 담긴 간재종가 후손들의 정신을 확인해 보도록 하겠다.

현재의 종택은 1636년(인조 14) 5월, 대홍수로 종택이 표실漂失된 후에 중건할 자력資力이 없자 간재 이덕홍이 당일當日에 공부하던 정각亭閣을 정침正寢으로 삼은 데서 유래했으니, 약 450년의 역사를 자랑한다.

이희익李羲益(1895–1974)은 「오천종택중건진정서迂川宗宅重建陳情書」에서 "불행하게도 후손이 쇠미하고 흩어져 선생의 종택이 수해로 표실된 후에 중건할 자력이 없어, 선생 당일에 공부하시던 정각을 정침으로 삼음이 오래되었는지라."라고 하여, 관련 사실을 분명히 언급하고 있다. 여기서 '간재 선생이 당일에 공부하시던 정각'의 건립 시기 역시 정확하게 알 수 없으나, 1570년대, 좀 더 구체적으로는 1570년에서 1578년 사이에 건립한 것으로 추정된다. 이덕홍이 1570년(선조 3) 여름, 오계정사를 지어서 후학을 양성하다가 1578년 7월에는 천거로 집경전참봉에 나아갔기 때문이다.

정각을 정침으로 삼은 지 100년 정도 지난 1740년경에 종택을 중수하였다. 이와 관련하여 이경태李慶泰(1689–1755)가 남긴 시가 있다.

옛집을 중수하는 일 또한 기이하니,	舊宅重修事亦奇
백년의 운물이 배나 빛나도다.	百年雲物倍生輝

오강은 이미 천 길의 계수나무를 베었고, 吳剛已斫千尋桂
부온은 능히 한 지경의 터를 넓혔네. 富媼能恢一畔基
성쇠가 서로 이어짐은 운수가 있음이요, 衰旺相承知有數
흥폐가 교대로 변함은 모두 때와 관계되네. 廢興交變摠關時
당에 올라 내 마음을 내치게 하지 말라. 登堂莫使吾心放
선조의 유풍이 아직 이곳에 남아 있으니. 先祖遺風尚在玆

시제를 「종사중건운宗舍重建韻」이라 하였으나, 수구首句에서 '구택중수舊宅重修'라 한 것으로 보아 종택을 중수한 것으로 보아도 무방할 듯하다. 3구에 나오는 오강吳剛은 한나라 서하인西河人으로 선도仙道를 배우다가 잘못을 저질러 달나라에 귀양 가서 그곳의 커다란 계수나무를 베었다고 전해지는 인물이다. 여기서는 종택을 중수하는 데 사용되는 재목을 마련하였다는 의미로 사용되었다. 그리고 제4구에서 "부온富媼은 능히 한 지경의 터를 넓혔네."라고 하였는데, 부온은 바로 지신地神이다. 따라서 이때 종택을 중수하면서 그 터도 함께 넓혔음을 확인할 수 있다. 또한 이 시를 통해 이경태는 종택 중수가 선조의 유풍을 후대에도 이어 나가기 위한 계책임을 강조하고 있다.

현재의 건물은 후대에 여러 차례 중수를 거치게 된다. 그러나 기록이 전해지지 않아 그간의 중수 과정을 자세히 알 수는 없다. 다만, 현재의 묘우는 구한말에 간재종택의 묘우가 많이 퇴락하자 묘우 중건의 논의가 일던 중 1868년(고종 5)에 서원이 훼철되었고, 이후 서원의 묘우, 곧 도존사道存祠의 부재部材를 사용하여 중건한 것임을 알 수 있다. 그리고 이세강李世鋼(1846-1917)이 「선조간재선생묘우중건상량문先祖艮齋先生廟宇重建上樑文」에서 "돌아보니 옛 묘우는 근래에 많이 기울어지고 허물어져 잔손孱孫이 누차 중건하려 하였네. 비바람에 갈리고 씻겨 실로 담장과 벽을 지탱하기 어려웠고, 땅은 허물어지고 담은 기울어 매번 터가 좁음을 탄식했네. 종택이 상전벽해처럼 여러 번 변했으니, 모름지기 이는 저축할 겨를이 없었기 때문인데, 선원先院(오계서원)의 묘우가 훼철을 당하자 이에 기와와 목재의 처리를 계획했네. 비로소 밤낮으로 논의하니, 어찌 하루 속히 이루기를 도모하지 않겠는가."라고 했고, 또 "유화절流火節(음 7월)에 날을 잡아 아뢰고"라고 한 것으로 보아, 이듬해인 1869년 7월에 시공하여 그 이후에 중건을 완료한 것으로 추정된다.

광복 이후 종택이 경패傾沛할 지경에 이르자, 문중의 의견을 모아 1966년 11월에 이희익李義益이 종택 개축改築을 위한 도움을 청하는 통문通文을 작성하였다. 통문에서 이희익은 "각 향중鄕中의 종택도 모두 세우고 있습니다. 우리 문중 종택의 내외內外 방에 비가 새어 물이 흘러 경패될까 큰 걱정입니다. 우리 종택이 경패될 때는 각 문중에 낯을 들 수가 없을 것입니다. 여러 집에서 성금을 내어 큰일을 서로 도와야 하기에 원근에서 노력하여 한마음으로 문회門會에 참석하여 백세의 정의情誼를 도모하기를 천만 번 바라나이다."라고 했다. 또 그 이후에 이희욱李義頊과 이유춘李有春 등이 함께 협력 합심하여 정부에 진정서陳情書를 제출하기도 했다. 하지만 정부의 도움을 받지 못해 우여곡절 끝에 자손의 성금誠金으로 1970년 10월에 묘우를 개수改修하게 되었고, 이어 1975년 가을에 종택을 중수하였다.

1999년 봄에는 후손들이 모은 성금으로 오계서원의 도존사, 명륜당, 동서재, 입도문 등 전 건물과 간재종택의 묘우에 대한 와집瓦葺 및 보수공사를 하였다. 그리고 2005년 12월 13일부터 2010년 3월 21일까지는 자부담 및 시비, 도비 등 약 2억 원으로 종택을 다시 한 번 중수하였다. 이때 종택인 선오당의 번와 및 건물의 수리, 담장 보수, 화장실 신축 등이 이루어져 그 모습을 일신할 수 있었다.

2) 영모암

영모암永慕菴은 이덕홍의 묘소 수호를 위해 건립된 재사로, 안동시 녹전에 있다. 정면 5칸, 측면 2칸의 겹처마 팔작지붕집이다. 처음 세워질 때에는 재사와 주사 등이 있었으나 사라지고, 19세기 말엽에 현재의 건물이 세워진 것으로 추정된다. 시멘트로 정리된 기단 위에 막돌초석을 두고 그 위에 원주 및 각주를 사용하여 건물을 세웠는데, 다른 곳에서 사용하였던 부재를 사용한 것으로 보인다. 중앙에 6칸의 마루를 두고 좌우에 온돌방을 배치하였고, 전면 마루 부분에는 판문을 달았다. 나지막한 야산의 경사면을 정리하여 세운 까닭에 전면에는 1.5m 정도의 석축을 쌓고

영모암

영모암 편액

그 위에 사방으로 담장을 쌓았다. 출입문은 동쪽에 사주문을 세워 출입하도록 하였다.

영모암 편액 글씨는 조선 말기의 문신이자 서예가로 저명한 해사 김성근(1835-1919)이 썼다. 이세강李世鋼이 쓴 「영모암기」에는 “이 재실의 편액을 영모라고 함은 조상을 추모하고 태어난 그 근본을 잊지 않는다는 뜻이다.”라고 하였다.

3) 오계서원

이덕홍은 강학에 많은 관심을 지니고 있었다. 이는 그가 배움에 대해 쓴 「언학言學」이라는 시를 통해 확인할 수 있다.

어찌하여 범범하고 다시 유유한가,	如何泛泛更悠悠
만사 이루지 못함이 노는 데 있다네.	萬事無成在一遊
강학에는 응당 항상 힘써야 하고,	講學直當恒勉勉
마음 틈을 없애면 절로 아름답다네.	處心除是自休休
요와 우의 짧은 시간 내 아까워하고,	陶分禹寸吾須惜
공자와 주공의 뜻 누가 다시 구하리.	孔思周情孰更求
아침저녁 노력하면 영광 많을 것이니,	夙夜庶幾多永譽
구구하게 형주를 알려고 하지 않으리.	區區不願識荊州

이덕홍은 만사가 이루어지지 못하는 원인이 유유자적하면서 노니는 데 있다고 보았다. 그렇기에 그는 강학에 항상 온힘을 기울여야 한다는 점을 강조하였다. 그가 강학을 하는 목적은 7구

에 나타나 있다. 그것은 바로 많은 영광이 강학을 통해 얻어질 수 있기 때문이다. 그런데 그가 이야기한 영광은 복록福祿, 명예名譽, 지위地位 등 세속에서 말하는 영광과는 다른 것이다. 이는 5구와 6구의 내용을 통해 확인할 수 있다. 유학에서 드높이는 성인 4명을 이야기하고 있기 때문이다. 요임금과 우임금, 그리고 공자와 주공은, 자신에 대한 수양을 통해 세상을 구한 인물들이다. 그렇기에 이덕홍 역시 이 네 성인의 뜻을 본받아 열심히 공부하고자 하는 뜻을 비친 것이라 하겠다. 8구에서 형주를 알려고 하지 않는다는 말은, 자신의 영예를 위해서 훌륭한 현인을 만나고자 하지 않는다는 뜻이다. 이는 당나라 원종元宗 때 사람인 한조종韓朝宗이 형주자사荊州刺史일 때 이백李白이 그에게 보낸 편지에 "생전에 만호후에 봉해지지 못할진대 오직 한 번 한 형주를 만나는 것이 소원이다."라고 한 데서 온 말이다. 결국 8구의 내용을 통해서도 간재가 뜻하는 바가 세속의 영예가 아님을 확인할 수 있다. 또한 간재는 현인을 만나는 것을 통해 뜻한 바를 이루고자 하지 않고, 스스로의 공부를 통해 유학의 도를 깨치려 한다는 점을 이 시를 통해 은연중에 비치고 있다.

이처럼 이덕홍은 평상시에도 강학에 많은 관심을 두고 있었다. 그렇기에 그는 1570년(선조 3) 30세 때 오천의 태조봉太祖峯 남쪽 기슭에 오계정사를 지어 자기 수양과 후학 양성의 터로 삼았다. 당시 간재는 오계정사를 두고 다음과 같은 한시를 창작하였다. 그가 정사를 세운 뜻을 확인해 볼 수 있다.

절벽 깎아 암자 세우니 버들 그늘 드리우고, 鑿壁開菴伴柳陰
시냇물 콸콸 소리 내며 앞 숲에서 쏟아지네. 溪聲灖灖瀉前林
여울 보는 한 가지 방법 어디에서 얻었는가, 觀瀾一術從何得
병든 몸 서재에 머물며 마음 수양 해 보려네. 抱病齋居試養心

이 시에는 오계정사 주변의 경관이 어떠하며, 정사를 세운 목적이 무엇인가 하는 점이 드러난다. 오계정사 주변에는 맑은 냇물이 흐르고 있었다. 그런데 맑은 냇물은 단순히 경관의 아름다움만을 뜻하는 것이 아니다. 이는 공자가 "흐르는 것이 이와 같구나! 밤낮으로 쉬지 않는구나."라고 한 데서도 알 수 있듯이, 끊임없이 공부에 정진해야 함을 의미한다고 볼 수 있기 때문이다. 한편, 3구는 『맹자』「진심盡心 상上」에서 "물을 관찰하는 데에는 방법이 있다. 반드시 여울을 보아야 할 것이다."라고 한 이야기와 밀접한 관련을 지니고 있다. 그리고 마지막 구를 통해 그가 이 정사에서 강학을 통해 심성을 수양하고자 했음을 확인할 수 있다.

이후 정사는 불행히도 1592년(선조 25) 임진왜란의 와중에 병화兵火로 소실되고 만다. 그런데 선친의 흔적이 남아 있던 정사가 사라진 것을 두고 볼 수 없었던 이덕홍의 장자 선오당 이시가 1600년(선조 33)에 토일천과 구천의 합류지점인 쌍계雙溪 위에 오계정사를 다시 세웠다. 이시는 오계정사에서 강학을 열고 많은 제자를 가르쳐서 스승인 정구로부터 '대代를 이은 가학家學'이라는 칭찬을 들었으며, 시조로 「조주후풍가」와 「오로가」를 남기기도 하였다.

그런데 1636년(인조 14)에 있었던 대홍수로 인해 대부분의 건물이 표실漂失되고 만다. 이때 향내의 유림이 나서서 현판만이라도 찾으려고 물길을 따라 보문普門까지 백여 리를 오르내렸는데, 결국 찾지 못하고 돌아오다가 신천 변에서 잠시 쉬게 되었다. 그런데 공신정拱辰亭 시냇가의 바위 아래에서 서기瑞氣가 어리므로 이상히 여겨 건너가 물속을 자세히 살펴보니 관성재의 현판이 보이고, 다시 살피니 다른 현판도 모두 한곳에 쌓여 있었다. 이에 이 바위를 오계암迃溪巖이라고 이름하였다.

1663년(현종 4)에는 향내의 사림이 사당을 세울 논의가 있어 송광정宋光井 금대아琴大雅·금석달琴碩達이 주장하여 1665년(현종 6)에 묘우를 완공하고, 이어서 재사를 보완하여 이덕홍의 위판을 봉안하고 사당을 도존사道存祠라 하였다. 위판의 글씨는 이극철李克哲이 쓰고, 묘호는 학사 김응조가 지었으며, 글씨는 오경기吳慶基가 썼다. 묘우 상량문과 봉안문, 그리고 상향축문은 김응조가 지었다.

도를 믿음이 독실하였고,	信道之篤
행실을 제어함이 단정하였네.	制行之端
산이 높고 물이 유장하니,	水長山高
남기신 아름다운 뜻 영원하리라.	餘芳不刊

김응조가 지은 상향축문으로, 간재 이덕홍에 대한 당시 사림들의 생각을 집약적으로 살펴볼 수 있다. 즉, 간재는 도를 신봉

하고 행실이 단정한 유자儒者였기에, 그가 남긴 뛰어난 학문적 성취가 오계정사를 통해 후대로 면면히 이어져야 한다는 것이다.

이후 1692년(숙종 17)에는 영천 사림의 공론으로 오계정사를 오계서원으로 승격하고, 강당을 명륜당明倫堂, 정문을 입도문入道門이라 하였다. 이후 1711년(숙종 37)에 서원 근처 합수의 물로 인해 수해가 우려되자, 당시 송민도宋敏道 원장의 제의로 현 위치에 이건하여 복향하였다. 이때 오계서원 이건기는 군수 나학천羅學川이 짓고 묘우 중건상량문은 참판 김희주金熙周가 지었다. 이후 1724년(경종 4)에 영천 사림의 공론으로 선오당 이시를 배향하였는데, 이때 봉안문과 상향축문은 이광정李光靖이 지었다.

아버지의 깊은 공효를 배우고,	功深考訓
스승의 뜻 절실히 따랐네.	志切師傳
가슴속에 큰 뜻 먼저 세우니,	先立乎大
험한 세파에도 우뚝하도다.	頹波屹然

이광정이 지은 상향축문이다. 여기에는 이시에 대한 당대 사림들의 평가가 담겨 있다. 즉, 이시는 집안에서는 아버지의 가르침을 받았고, 바깥에서는 스승인 정구의 뜻을 절실히 따랐던 인물이었다. 안과 밖에서 친히 이끌어 주는 사부師父가 있었기에, 그는 남들보다도 먼저 배움을 이룰 수 있었고, 이에 험난한 시대에도 그 가르침이 우뚝할 수 있었다.

오계서원은 1871년(고종 8)에 서원철폐령으로 훼철되고 만다.

오계서원 현판

그 뒤 1919년에 복향을 위해 명륜당明倫堂, 관성재觀省齋, 험위료驗爲寮, 입도문入道門을 다시 세웠고, 1978년 음력 3월 7일에 도존사道存祠를 세워 복향하였다. 비교적 최근인 1999년에는 묘우를 비롯하여 전 건물을 중수하였다. 현재 경상북도 영주시 평은면에 위치하고 있다.

서원의 동쪽에는 별당인 군자정과 연못인 군자당이 있고, 서원 입구의 동쪽 언덕에는 활발대活潑臺, 서쪽 언덕에는 연어대鳶魚臺가 있어 주변의 경치를 조망할 수 있다.

다음으로 오계서원의 각 공간에 대해 좀 더 자세하게 알아보자. 조선시대 서원은 강학공간과 제향공간으로 양분할 수 있다. 강학공간에서는 스승과 제자가 서로 절차탁마하며, 제향공간에서는 훌륭한 위업을 남긴 현인에 대한 추모가 이루어진다. 오계서원 역시 강학공간과 제향공간을 함께 아우르고 있다. 제향공간으로는 신삼문(입묘문)과 사당이 있고, 강학공간으로는 강당과

도존사

동·서재가 존재하기 때문이다. 이 밖에도 정문과 주소인 고직사 등이 오계서원의 일부를 이루고 있다.

정문인 입도문을 들어서면 안마당을 사이에 두고 뒤편 다소 높은 지대에 강당인 명륜당이 위치하고 있다. 그 앞쪽 좌·우측에는 동재와 서재가 서로 마주보고 자리하고 있으며, 명륜당 뒤편에는 별도의 일곽一廓 내에 신삼문과 사당인 도존사가 있다. 이 서원 역시 일반적인 서원과 같이 앞쪽에 강학공간이, 뒤쪽에 제향공간이 있어 전학후묘前學後廟의 배치 형태를 따르고 있다.

(1) 도존사道存祠

이덕홍과 그의 큰아들인 이시의 위패가 봉안된 사당으로, 정면 3칸, 측면 1칸 반 규모의 납도리 소로수장집이다. 사당은 위패를 모시고 의식을 치르기에 적당한 크기로 지어졌으니, 선현의 학문적 깊이와 당시의 유학 풍토에 비해 지극히 유교적인 검소한 규모이다. 사당은 '내삼문'이라고 부르는 문과 담장으로 둘러싸여 있다. 평면구성은 전면에 1칸 반의 퇴간을 두고 그 뒤쪽으로 우물마루를 깐 3통칸通間을 두었다. 상부가구上部架構는 3량가樑架이고, 지붕은 겹처마 맞배지붕에 한식골기와를 이었다.

사당의 이름은 학사 김응조가 지었고, 편액은 오경기吳慶基가 썼다. 훼철 전의 위판은 진성眞城 이극철李克哲이, 현재의 위판은 후손 이유길李有吉이 썼다.

(2) 신삼문神三門

제향구역의 정문으로, 사당으로 들어가는 문이라는 의미로 '입묘문入廟門'이라 불리기도 한다. 정문인 '외삼문外三門'과 대치되는 표현으로 '내삼문內三門'이라 하기도 하고, 문 안쪽은 성역이라 신과 사람이 만날 수 있다는 의미에서 '내신문內神門'이라고도 한다. 정면 3칸, 측면 1칸 규모로 홑처마 맞배지붕에 한식골기와를 이은 납도리집이다.

오계서원 명륜당

(3) **명륜당**明倫堂

강당은 서원 내 강학공간의 중심 건물로 원생이 글을 배우는 곳이며, 아울러 선생의 거처가 되기도 하므로 서원 내에서 제일 규모가 크다. 넓은 대청마루와 온돌방이 적절히 배치되어 있는 것이 특징이다.

강당인 명륜당은 정면 4칸, 측면 2칸 규모의 납도리 소로수장집이다. 강당 앞에 단壇을 두어 마당을 조성하였으므로 기단基壇은 높지 않다. 널찍한 자연석 주초柱礎 위에 기둥을 세웠는데, 전면前面 중앙의 기둥만 원주圓柱를 사용하였다. 평면 구성은 중앙 4칸의 우물마루를 중심으로 좌·우측에 2통칸 온돌방을 배치한 중당협실형中堂夾室形이다. 상부가구는 5량가인데 종량宗樑 위에는 제형판대공梯形板臺工을 세웠고, 지붕은 홑처마 팔작지붕에 한식골기와를 이었다.

현재 중앙에 있는 대청은 4칸이나 훼철 전에는 이보다 큰 6칸이었던 것으로 보이며, 우측에 있는 2칸의 방을 '상실上室', 좌측에 있는 2칸의 방을 '험위료驗爲寮'라 한다. 명륜당 현판은 오경기吳慶基의 글씨이다. 명필 한석봉이 쓴 험위료 현판은 1636년(인조 14) 5월 21일의 대홍수로 유실되어 전하지 않고, 현재의 험위료 현판은 진성眞城 상사上舍 이수인李守仁의 글씨이다.

'험위'라는 말은 남당南塘 진무경陳茂卿이 지은 「숙흥야매잠夙興夜寐箴」의 "사지사응事至斯應 즉험우위則驗于爲"라는 구절에서 취한 것인데, 이는 "일이 생겨 곧 응하게 되면 실천으로 시험하여 보라."라는 의미이다. 이를 통해 이덕홍이 학문의 실천성을 중시했음을 짐작할 수 있다. 이와 관련하여 이덕홍이 지은 시가 있어 소개해 보고자 한다.

도도한 육씨는 마음이 일에 미혹되었고,	滔滔陸氏心迷事
온 세상 어지러워 일이 마음에 얽히었네.	擧世紛紛事累心
외물에 응하면서도 마음은 깨어 있어야 되니,	酬酢還須中惺惺
진씨의 잠 본받아 서로 수양하면 좋겠네.	不妨交養效陳箴

육씨는 송나라 때 인물인 육구연陸九淵을 말한다. 그의 학문은 선학禪學의 기미를 띠고 있다고 해서 조선조 많은 성리학자들에게 비판의 대상이 되었다. 이덕홍 역시 육구연과 왕수인王守仁의 양명학陽明學이 온 세상을 어지럽힌다고 보았다. 그렇기에 그는 마음을 수양하는 바른 자세가 어떠해야 하는가를 진잠陳箴, 곧 진무경의 「숙흥야매잠」에서 찾고 있는 것이다. 이를 통해 성성惺惺의 효과와 실천의 중요성을 강조한 그의 모습을 볼 수 있다.

현재 명륜당은 원내의 여러 행사와 유림의 회합 및 학문 강론을 위한 장소로 사용되고 있다. 북쪽 벽면에는 나학천羅學川의 「오계서원이건기」가, 동쪽 벽면에는 홍천서洪天叙와 송광심宋光心의 시판이, 그리고 서쪽 벽면에는 김응조와 권성오權省吾의 시판이 걸려 있다. 대청 정면에는 사인士人 김종제金宗濟가 쓴 오계서원 현판이 걸려 있다.

(4) 관성재觀省齋

재齋는 원생들이 기숙하는 공간으로 보통 강당 앞에 동일한 규모로 대칭으로 자리 잡아 강당과 함께 교육공간의 핵심을 이룬다. 강당의 좌향과 관계없이 일반적으로 강당을 향해 섰을 때 오른쪽의 재를 '동재', 왼쪽의 재를 '서재'라고 부른다. 일반적으로 동재에 거처하는 원생이 서재의 원생보다 선배이다.

오계서원의 동재와 서재는 모두 정면 3칸, 측면 1칸 규모로, 홑처마 맞배지붕에 한식골기와를 이은 3량가 납도리집이다. 평면

관성재

은 마루방 1칸, 온돌방 2통칸으로 구성되어 있으며, 전면에는 폭이 좁은 쪽마루가 깔려 있다. 편액의 글씨는 석봉 한호가 썼다.

이 가운데 동재의 이름은 '관성재'인데, 이덕홍의 「관성재」 시에 서문이 붙어 있어 재의 이름을 '관성'이라고 한 이유를 알 수 있다. 즉, "남헌南軒 선생이 회암晦菴 선생에게 보낸 편지에 '반드시 움직일 때는 조용할 때의 존양한 바를 드러내고, 조용할 때는 움직일 때의 근본을 함양하여 동정이 서로 쓰임이 되고 체용이 떨어지지 않은 뒤에라야 새 나가는 것이 없게 되는 점을 살펴야 한다.'라고 하였는데, 이 몇 구절은 뜻이 탁월하게 높은 경지에 이른 것이어서 회암晦菴이 삼가 적어 좌우명으로 삼고 출입할 때에 보고 살폈다. 지금 우리 퇴계 선생께서 「경재잠」과 「백록동규」를 써서 학자들이 일상에서 지킬 규범으로 보여 주셨다. 내가 가만히 생각하니, 남헌이 말한 '서로 쓰임이 되다[相須].'와 '떨어지지 않는다[不離].'의 효과는 반드시 이것을 가지고 공부한 뒤에라야 얻을 수 있다고 여겨진다. 따라서 공경히 그것을 받들어 함께 재실의 벽에 걸어 두고 때때로 보고 살피고자 한다."라고 하였던 것이다. 관성재에 대해 그가 남긴 시를 보면 다음과 같다.

남헌이 말한 동정이 떨어지지 않는 공부,	南軒動靜不離功
종신토록 보고 살핀 이는 바로 주자였네.	觀省終身是晦翁
오늘날 사문에 아직 그 그림 남아 있으니,	今日師門圖尚在
때때로 눈으로 보며 이 몸에 징험하려네.	時時目擊驗微躬

송나라 때의 대학자 남헌 장식張栻과 회암 주희朱熹의 고사를 들어 이야기하였다. 남헌은 동動과 정靜, 체體와 용用의 관계가 불가분不可分이라는 점을 강조하였는데, 이는 사람의 성정性情과 체용體用이 본래 완전히 갖추어져 있어 각각 조리가 있다는 것을 의미한다. 또한 고요할 때 제대로 존양存養해야 움직일 때 바르게 함양涵養할 수 있다는 의미이기도 하다. 남헌이 이야기한 동정과 체용의 공부를 후학들과 함께 체득할 것임을 드러내고 있다.

(5) 관서헌觀書軒

관서헌은 오계서원의 서재西齋이다. 명필 한석봉이 쓴 관서헌 현판은 1636년(인조 14) 5월 21일의 대홍수로 유실되어 전하지 않고, 현재의 관서헌 현판 글씨는 진성眞城 상사上舍 이수인李守仁이 썼다. 주자의 「관서유감觀書有感」에서 그 뜻을 취한 것이다. 주자의 시를 가져와 보이면 다음과 같다.

반 이랑 네모진 못에 거울 하나 열리니,	半畝方塘一鑑開
하늘빛과 구름 그림자가 함께 배회하네.	天光雲影共徘徊
묻노니 어이하여 그처럼 해맑을까,	問渠那得共如許
근원에서 활수가 솟아나기 때문이네.	爲有源頭活水來

깨끗하고 맑은 연못은 하늘을 비추는 거울 역할을 한다. 그리고 연못에 비친 하늘빛과 구름 그림자는 자연스럽게 운행하는 만물의 질서를 의미한다. 주자는 만물의 질서가 어디에서 비롯되는 것인지 의문을 제기하는데, 이어 원두源頭의 존재에 대해 인식하게 된다. 원두는 바로 도의 근원처根源處를 의미하는바, 여기에서는 살아 있는 물인 활수活水가 넘쳐흐르고 있다. 즉, 천지만물에 생명력을 부여하는 곳이 바로 원두인 것이다.

이덕홍도 「관서헌」 시 첫 구에서 "운곡관서리발양雲谷觀書理發揚"이라고 하여, '관서'라는 말을 사용하였다. 시의 전문을 인용하면 다음과 같다.

운곡에서 책을 보고 이치 드러내었고, 雲谷觀書理發揚
다시 몸과 마음 네모난 연못에 들였네. 更將心體喩方塘
지금에야 당시의 뜻 이해할 수 있으니, 至今會得當年意
아직도 원두에는 길이 활수 솟고 있다네. 猶有源頭活水長

운곡은 송나라의 유학자 주자가 초당을 짓고 거처했던 건양建陽의 노봉蘆峰 머리에 있는 골짜기 이름이다. 이 시를 지으면서 주자를 떠올리고 있었던 것이다. 한편, 방당方塘은 네모난 연못을 의미하는바, 그 형상으로 인해 서책을 형상화하는 소재로 사용되기도 했다. 네모난 연못은 바로 서책을 의미하였는데, 이를 통해 이덕홍이 서재의 이름을 관서헌이라 명명한 이유를 확인할 수 있다. 즉, 정사에서 공부하는 유생들이 열심히 책을 읽어 도학에 뜻을 두기를 바랐던 것이다. 이를 통해 사물의 명명 하나하나에도 성리학의 깊은 의미를 담아 두고자 했던 유학자 이덕홍의 모습을 만나 볼 수 있다.

(6) 입도문入道門

입도문은 '초학자가 학문하기 위해 들어오는 문'이란 뜻이다. 현판의 글씨는 역시 상사 이수인이 썼다. 서원의 정문이며 '외삼문外三門'이라고도 불리는데, 제일 전면에 위치하여 외부와 경계를 짓는다는 의미가 강한 문이다. 정면 1칸, 측면 1칸 규모인데, 홑처마 맞배지붕에 한식골기와를 이은 3량가 납도리집이다. 후손인 이세강이 『간재집 부록』의 「원우제도院宇制度」에서 '중문삼간왈입

입도문

도中門三間曰入道'라고 한 것으로 보아, 훼철 전에는 지금보다 큰 정면 3칸, 측면 1칸 규모였던 것으로 추정된다.

(7) 주소廚所와 전사청典祀廳

주소는 '고직사庫直舍'라고도 하며, 서원의 관리 및 식사준비를 위해 지어진 건물로 일반 살림집의 형태로 되어 있다. 1칸의 마루로 구성된 전사청은 평소 향사 때 사용되는 제기를 보관하고, 향사 시에는 제물祭物을 준비하는 곳이다. 제향공간 가까이에 위치하며 '제기고祭器庫'라고도 한다.

서원 훼철 후 기미년(1919)에 지은 8칸의 이자二字집이 퇴락하자, 후손의 성금 2,000만 원으로 계유년(1993) 10월 초에 착공하여 그해 12월 중순에 6칸 일자一字겹집으로 중건했다.

(8) 군자정君子亭과 군자당君子塘

1992년 11월 26일에 경상북도 유형문화재 제276호로 지정된 군자정君子亭은 별칭 '연정蓮亭'으로도 불린다. 연꽃이 군자의 꽃으로 일컬어지기 때문이다. 군자당君子塘은 1570년(선조 3)에 이덕홍이 오계정사 창건 무렵에 군자정을 지어서 책을 읽고 학문에 힘쓰는 곳으로 삼고, 그 왼편에 작은 못을 파서 연을 심은 데서 유래한 것이다. '군자정'이란 이름은 이황이 지어 준 것이라 한다. 그 뒤 오계서당을 옮길 때마다 약간의 시차는 있지만, 군자정을 세우고 군자당을 만들었는데, 이는 처음 세운 뜻을 잊지 않기 위한 것으로 보인다.

광풍제월 고상한 회포 백세의 청풍인데,	光霽高懷百世風
맑고 텅 빈 꽃이 연못 속에 깊이 들었네.	淸通深入一塘中
진흙탕에도 더럽혀지지 않는 참다운 군자,	淤泥不涅眞君子
깨끗한 벗의 붉은 얼굴 때때로 마주하네.	淨友時時對面紅

황정견黃庭堅이 「염계시서濂溪詩序」에서 염계濂溪 주돈이周敦頤를 두고 "용릉의 주무숙은 인품이 매우 고상하여 가슴속이 깨끗해서 마치 온화한 바람과 맑은 달빛 같다."라고 한 것과 주돈이

군자정과 군자당

가 「애련설」에서 “속은 텅 비고 겉은 곧으며, 넝쿨도 가지도 뻗지 않고, 향기는 멀수록 더욱 맑으며, 우뚝하게 깨끗이 서 있어, 멀리 바라볼 수만 있고 가까이 가서 만질 수 없음을 나는 유독 사랑한다.”라고 한 데서 온 구절들이다. 이어지는 구절에서 흐린 물속에 살면서도 맑은 자태를 보이는 연꽃을 비유한다. 앞서 이야기한 주돈이의 「애련설」에는 “진흙탕에서 나와도 물들지 않고”라는 구절이 나오며, 송나라 때 증조曾慥는 ‘깨끗한 벗[淨友]’을 연꽃의 애칭으로 썼다. 이처럼 이덕홍은 강학 공간에 군자정과 군자당을 세워 연꽃을 심고서는, 군자의 고결함을 취하고자 했던 것이다.

활발대

(9) 활발대活潑臺와 연어대鳶魚臺

오계서원 입구의 양측에 있는 대臺로, 들어가면서 우측에 있는 대가 활발대, 좌측에 있는 대가 연어대이다. 연어대는 『시경』의 「대아大雅 한록旱麓」 편에서 "연비려천鳶飛戾天 어약우연魚躍于淵"이라고 한 데서 '연어鳶魚'를 취하였는데, 이는 상하에 이치가 밝게 드러남을 말한 것이다. 그리고 이 구절을 자사子思가 『중용』 제12장에서 인용하고, 정자程子의 해설에 "끽긴위인처喫緊爲人處니 활발발지活潑潑地라."라고 한 데서 '활발活潑'을 취하였다. 이는 가장 긴요하게 사람들을 위하여 말한 곳으로, 그 말이 아주 활발발하다는 의미이다. 대臺에 오르면 깎아지른 듯한 절벽이 울창한 숲 사이로 고요히 흐르는 맑은 시냇물과 어울려 '연비어약'이라는 말이 잘 어울린다. 활발대를 대상으로 지은 시 한 수를 보자.

한 이치는 한 물건을 좇아 구해야 되나니,	一理須從一物求
어느 때 어느 곳이나 원두에 있구나.	無時無處有源頭
누가 다시 연비어약의 묘함을 터득하랴,	誰能更得鳶魚妙
생동하는 기운 분명하게 위아래로 유행하네.	活潑分明上下流

도의 근원인 원두에 대한 서술을 통해 그가 뜻한 바가 어디에 있는지를 확인할 수 있다. 『시경』 「한록」 편의 내용이 바로 생각나게 한다. 결국 이 시를 통해 활발대의 의미를 다시금 되새기면서, 천지 만물의 자연스러운 이치를 강조하고자 했던 것이다.

(10) 장판각藏板閣

일반적으로 장서각藏書閣 혹은 장판각이라 부르는 건물은 서적이나 서적을 찍은 목판을 보관하는 도서관에 해당하는 곳으로, 서원에서 교육기능을 수행함에 있어 매우 중요한 시설 가운데 하나이다. 각 서원에서는 문고를 설치하여 여러 서적을 수집하고 보관했을 뿐 아니라, 필요한 경우 직접 출판하기도 하였다.

이 서원의 장판각에는 옛날에는 『간재선생문집』과 『선오당일고』, 『신암회상록』의 목판이 보관되어 있었으나 지금은 비어 있다. 목판은 모두 한국국학진흥원에 기탁하였다. 내부 바닥은 습기 방지를 위해 마루를 깔았다.

(11) 오계서원 내의 시판

가. 명륜당 내의 시판

명륜당의 동쪽 벽에는 강당 안쪽에서부터 1703년(숙종 29) 중춘仲春(2월)에 영천군수 홍천서洪天叙가 지은 「오계서원음득일절록시원유迃溪書院吟得一絶錄示院儒」 시판과 1666년(현종 7) 청화절(4월)에 오계서원에 모여 참알參謁의 예를 행하고 읊은 시 「봉안후제영奉安後題詠」 중 송광심宋光心의 원운 시판이, 서쪽 벽에는 송광심의 원운시에 대한 김응조金應祖와 권성오權省吾의 차운시판이 걸려 있다.

당 아래 긴 내 벽옥같이 맑게 흐르고,	堂下長川碧玉流
푸른 그늘과 향기로운 풀 참으로 놀 만하네.	綠陰芳草正堪遊
선생의 덕량은 찾을 곳 없어도,	先生德宇無尋處
아름다운 경치와 온화한 바람 이 속에서 찾으리라.	美景和風這裏求

위의 작품은 홍천서가 남긴 원운시인데, 이덕홍에 대한 그리움과 그가 남긴 학풍에 대해 이야기하고 있다. 전반부에서는 서원 주변의 아름답고 고요한 풍광을, 그리고 후반부에서는 이덕홍의 남은 유풍을 이야기하고 있다.

나. 군자정君子亭 내의 시판

군자정 서쪽 벽에는 이덕홍의 「오계십경迃溪十景」 시판이, 남쪽 벽에는 청대 권상일의 찬시판인 「기제오계군자당삼절寄題迃溪君子堂三絶」이 걸려 있다. 오계십경은 노동의 아침 구름[蘆洞朝雲], 운곡의 저녁 비[雲谷暮雨], 송령의 자욱한 연기[松嶺烟籠], 화악의 화려한 노을[花嶽霞絢], 남양의 봄갈이[南陽春耕], 서간의 가을 노래[西澗秋詠], 난봉에 뜬 달[蘭峯吐月], 지산에 지는 해[芝山落照], 원당의 샘솟는 물[源塘活水], 말천에 흐르는 시냇물[末川川流]이다.

각각의 경은 모두 오계 주변을 중심으로 형성되었는데, 1수와 2수, 3수와 4수, 5수와 6수, 7수와 8수, 그리고 9수와 10수가 서로 대구를 이루고 있는 것이 특징이다. 예컨대 1수와 2수는 아침과 저녁, 3수와 4수는 연기와 노을, 5수와 6수는 봄과 가을, 7수와 8수는 달과 해, 9수와 10수는 샘솟는 물과 흐르는 물로 서로 연관성을 지닌 것이다. 이덕홍이 지은 「오계십경」 시를 소개하면서 이 장을 마무리하고자 한다.

노동의 아침 구름[蘆洞朝雲]

노천골 어귀의 구름은,	蘆川洞口雲
아침저녁 돌아가며 삼키고 토하네.	朝暮互呑噴
언덕 위에 어찌 주인이 없으랴만,	隴上豈無主
가져다가 그대에게 줄 수 없구나.	不能持贈君

운곡의 저녁 비[雲谷暮雨]

아득하고 희미한 운곡에,	漠漠迷雲谷
쓸쓸히 산중의 해 저물어 가네.	蕭蕭山日暮
장맛비 고맙게도 땅을 적셔 주니,	成霖膏澤深
나라에 응당 도움이 있으리라.	邦家應有輔

송령의 자욱한 연기[松嶺烟籠]

울창한 소나무 푸른 빛 머금었는데,	松鬱含新翠
한 줄기 연기 띠를 둘러 빼어나네.	烟橫帶一奇
은은한 가을 달빛 속이 가장 좋지만,	依依秋月最
화사한 석양 속에서도 아름답구나.	靄靄夕陽宜

화악의 화려한 노을[花嶽霞絢]

좋은 구경거리로 넉넉한 정영이여,	精英嘉翫富
붉은 무늬는 조물주의 솜씨라네.	紅絢是天工
수놓은 문채는 바람 앞의 빛깔이고,	繡錯風前色
자욱한 안개는 비 온 뒤의 모습이라네.	霞蒸雨後容

남양의 봄갈이[南陽春耕]

봄비에 쟁기 들고 나오니,	春雨耒耟出
나도 잡고 갈 줄 안다네.	吾家亦解操
제갈량과 같은 사업은 없지만,	雖無諸葛業
밭 갈며 숨어 사는 뜻 흐뭇하네.	耕隱意陶陶

서간의 가을 노래 [西澗秋詠]

옥 같은 시내 벼랑 아래 흐르고,	玉澗蒼崖下
비단 같은 잎새에 서풍이 부네.	西風錦葉時
양가죽 옷 입고 「구곡가」 읊으며,	羊裘九曲詠
금일에 고고한 생각을 붙여 보네.	今日寄遐思

난봉에 뜬 달 [蘭峯吐月]

맑은 하늘에 둥근 달이 솟으니,	乾朗氷輪吐
그늘진 땅은 형체를 볼 수 없네.	坤陰不見形
차고 기움을 이를 통해 가늠하니,	盈虛從此卜
동정이 모두 때에 맞게 행해지네.	動靜以時行

지산에 지는 해 [芝山落照]

석양이 서산에 빛나고,	殘照西山色
남은 빛에 나무 반이 그늘이네.	餘輝半樹陰
창문 여니 사람 없어 조용하고,	拓窻人復靜
저물녘의 게으른 마음 견딜 수 없네.	不耐暮倦心

원당의 샘솟는 물 [源塘活水]

원당에 샘물이 솟아나서,	源塘活水來
세차게 흘러 그치지 않네.	不舍混混湧
근원 찾아 진원에 이르지 못하고,	尋源未到眞
잔잔한 시냇물 부질없이 희롱하네.	潺湲空自弄

말천에 흐르는 시냇물 [末川川流]

오계가 말천으로 흘러들어, 　　透溪入末川
밤낮으로 빙빙 돌아 흐르네. 　　晝夜流沄沄
만 줄기로 갈라지는 곳이 없다면, 　　不有萬殊處
오묘한 한 근원을 어찌 알겠나. 　　焉知妙一源

제5장

간재 종가의 제례 문화

간재종가의
제례문화

1 불천위 제례

간재종가의 제례는 크게 기제사와 명절 제사, 묘사 등이 있으며, 1년에 20번 정도의 제사를 지낸다. 기제사는 4대봉사를 비롯하여 간재 이덕홍을 위한 불천위 제사도 모시고 있으며, 합설로 지낸다. 이덕홍의 불천위 제삿날은 음력 2월 18일이다. 원래 자시子時에 지내다가 2년 전부터 파젯날 저녁 7시로 시간을 바꾸어 지내고 있다. 예전부터 내려오는 전통을 그대로 유지하고자 하지만, 참제자參祭者가 많이 오도록 하기 위해서 시간을 옮겨 지내고 있다. 요즘 제사에는 제관을 비롯하여 30명 정도가 참석하는데, 가끔 타성他姓이 참여하기도 한다.

집사분정

1) 제사 준비와 집사분정執事分定

간재 불천위 제사를 지내기 위한 제수祭需 준비는 종부가 총괄적으로 준비하되, 유사가 장을 보고 준비하는 것은 도와준다. 제사 당일이 되면 종부를 비롯한 집안 여성들은 음식을 만들고, 남성들은 제사를 지내기 위해 준비를 한다. 시대가 변하면서 제사가 예전에 비해 간소해졌다고 하나, 참사자들은 반드시 의관을 정제한다.

그리고 불천위 제사의 소임을 정하는 집사분정을 한다. 종손을 중심으로 하여 문중의 어른들이 모여 제관 이름을 차례대로 쓴다. 제관으로 참석하는 이들은 초헌初獻, 아헌亞獻, 종헌終獻, 축祝, 봉향奉香, 봉로奉爐, 봉작奉爵, 전작奠爵, 진설陳設, 사준司罇, 참제원參祭員 등의 소임을 맡게 된다. 이러한 일련의 과정이 끝나고 7시부터 제사를 지낸다.

2) 출주出主

출주는 사당에 있는 신주를 제청으로 모시고 오는 절차를 말한다. 종손을 비롯한 참제원들은 제청을 나와 마당으로 내려온다. 이때 참제원들은 마당에 도열하고, 종손과 축관을 포함한 2명의 집사만 사당에 불천위 신주를 모시러 간다. 사당에 가서 사당의 문을 열고 먼저 두 번 절을 한다. 이후 사당 계단 아래에서 종손과 집사는 부복하고 축관은 출주축을 아뢴다. 출주 고유의 내용은 다음과 같다.

> 今以
> 先祖考 贈嘉善大夫 吏曹參判 兼同知義禁府事 行通訓大夫 永春縣監府君
> 先祖妣 貞夫人 英陽南氏 遠諱之辰 神主 出就廳舍 恭伸追慕

선조에게 오늘이 제삿날임을 알리고 제청祭廳으로 모신다는 뜻이다. 출주 고유를 한 후에는 사당 안으로 들어가 맨 왼쪽 간재 불천위 신주를 모신 감실의 문을 연다. 종손은 고위와 비위의

출주

신주를 함께 주독에 모시고 사당에서 제청으로 내려온다.

3) 참신參神과 진설陳設

제청에 내려오면 신주에 인사를 올리는 참신의 절차를 거친다. 여기서는 고위와 비위 신주가 있는 주독을 교의에 안치하고 연다. 이어서 신주의 도자韜藉를 벗기고 교의에 안치하면, 두 번 절한다. 신이 제사에 참석했으므로 인사를 드린다는 뜻이다.

이어서 진설을 시작하는데, 간재종가에서는 출주 이후에 진

진설

분향강신

설을 하는 것이 특징이다. 간재 불천위 제사는 고위와 비위를 함께 모신다. 하나의 제상에 메와 갱을 2인분으로 올리는 이른바 합설合設이다. 조동육서를 기본으로 하며, 5실과를 쓰는데, 계절에 따라 올린다. 다만 외국과일은 쓰지 않는 것을 원칙으로 한다. 탕은 5탕을 쓰는데, 버섯과 채소, 쇠고기, 대구, 오징어, 두부를 사용한다. 뿌리채소와 열매채소는 따로 담으며, 포는 대구포를 사용한다. 적은 명태, 고등어, 상어, 쇠고기 순으로 괴며, 날것을 사용한다. 편은 종가에서 직접 만드는데, 본편은 시루떡이며, 웃기로는 깨꾸리, 부편, 경단, 전, 조약이 있다.

4) 강신降神

주인이 진설을 검시한 후, 분향과 뇌주를 한다. 예로부터 사람이 죽으면 육체는 땅에 묻히고 정신은 하늘로 올라간다는 인식이 있다. 따라서 향불을 피워 하늘에 있는 조상의 혼을 불러오고, 모사기에 술을 부어 땅에 있는 조상의 백을 부른다. 즉 신의 혼백이 내려오게 하는 예의를 갖추는 의식이라고 할 수 있다.

5) 초헌初獻

헌작獻爵은 술을 올리는 의식으로 예법에 따라 세 잔의 술을 바친다. 이를 초헌, 아헌, 종헌이라고 한다. 초헌관은 제사의 주

초헌

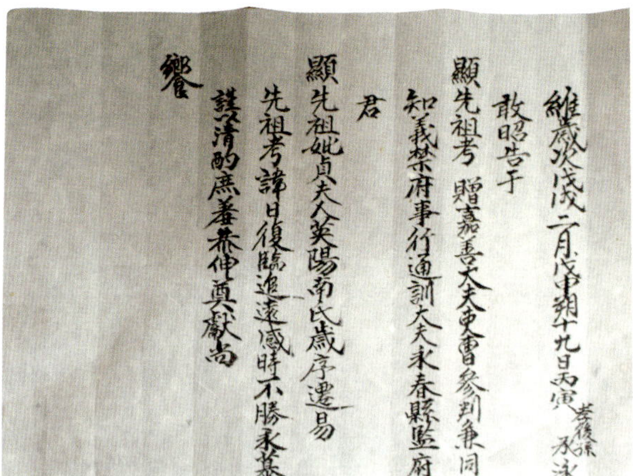

維歲次戊戌二月戊申朔十九日丙寅 孝後孫 承泳
敢昭告于
顯先祖考 贈嘉善大夫吏曹參判兼同
知義禁府事行通訓大夫永春縣監府
君
顯先祖妣貞夫人英陽南氏歲序遷易
先祖考諱日復臨追遠感時不勝永慕
謹以清酌庶羞恭伸奠獻尙
饗

축문

인인 종손이 맡으며, 아헌관과 종헌관은 항렬이 높은 문중 어른이 맡고, 멀리서 오거나 타성이 참석하는 경우에는 타성에게 양보한다.

초헌관은 조상신에게 첫 술잔을 드리고, 제사를 올리는 사연을 아뢴다. 종손이 나와 무릎을 꿇고 앉으면, 좌·우집사의 도움을 받아 고위와 비위의 두 술잔에 술을 올린다. 이어서 축관이 축문을 읽는다. 축문의 내용은 다음과 같다.

維歲次戊戌二月戊申朔十九日丙寅 孝後孫承泳
敢昭告于
顯先祖考 贈嘉善大夫 吏曹參判 兼同知義禁府事 行通訓大夫 永春縣監府君
顯先祖妣 貞夫人 英陽南氏 歲序遷易
先祖考 諱日復臨 追遠感時 不勝永慕
謹以清酌庶羞 恭伸奠獻 尚
饗

축문의 내용은 세월이 바뀌어 조상이 돌아가신 날이 다시 오니, 추모하는 마음을 이길 수 없어서 삼가 음식을 올리니, 드시기 바란다는 것이다. 축문을 읽는 동안 모든 참제원들은 부복한다. 축문을 다 낭독하면 초헌관은 다시 두 번 절을 하고 제자리로 돌아간다.

6) 아헌亞獻과 종헌終獻

두 번째 술잔을 올리는 아헌과 세 번째 술잔을 올리는 종헌은 초헌과 마찬가지로 진행된다. 집사는 신위 앞에 놓인 술잔을 퇴주 그릇에 비우고, 아헌관이 제상 앞으로 나오면 올릴 2개의 술잔에 술을 붓는다. 집사는 아헌관에서 술잔을 받아 신위 앞에 올린다. 이어서 아헌관이 두 번 절하고 제자리로 돌아간다.

종헌 역시 아헌과 같은 절차로 진행하되, 제작을 하는 것이 아헌과는 다르다. 이는 유식 때 첨작을 하기 위함이다. 고위와 비위의 순서대로 잔을 올리며, 비위도 마찬가지로 술을 세 차례 따라 내고 올린다. 그런 다음 종헌관이 두 번 절하고 제자리로 돌아간다. 이로써 헌작이 모두 끝난다.

7) 유식侑食과 합문闔門

유식은 삼헌이 끝난 뒤에 조상신이 밥을 드시도록 하는 절차이다. 간재종가에서는 축관이 제상 앞으로 나가 꿇어앉는다. 축관이 따로 마련해 둔 제기에 술을 조금 부은 것을 받아서 집사에게 주면, 집사는 종헌관이 올렸던 술잔에 술을 세 번 나누어 첨작添酌한다. 이어 축관이 다시 두 번 절한다. 이어서 조상신이 음식을 드시도록 합문闔門을 한다.

합문은 신이 조용하고 편안하게 밥을 드실 수 있도록 제상을 병풍으로 둘러치는 의식이다. 찬자의 홀기 낭독에 따라 모든

유식

제관들이 조상신이 식사를 마무리할 때까지 부복俯伏하고 있다가 축관이 헛기침을 3번 하면 모두 일어난다. 이후 닫았던 병풍을 제자리에 돌리는 계문啓門을 하고, 이어 진다進茶를 한다. 갱 그릇을 거두고 찬물을 올리며 숟가락으로 소량의 메를 떠서 물그릇에 세 번 넣는다.

이어 모든 참제원들은 양손을 앞으로 모으고 허리를 구부린 채 경건한 마음으로 기다린다. 이후 수저를 내리고, 메와 면 그릇의 뚜껑을 덮는다.

8) 사신辭神과 납주納主

사신은 술과 음식을 다 드신 조상신을 돌려보내는 절차이다. 이때 제사에 참여한 모든 사람들이 마지막으로 두 번 절을 한다. 그리고 초헌관이 신주에 덮개를 덮고 신주를 주독에 넣어서 사당에 다시 봉안한다.

9) 철상撤床과 음복飮福

제청에 남아 있는 제관들은 제물을 내리고 상을 치우는 철상撤床을 한다. 철상을 마친 후에는 모든 참제원들이 다시 마당에 도열한다. 이어 분축焚祝이라 하여 축관이 축문을 태운다. 마지막으로 음복飮福이라 하여 제관들이 한자리에 모여 음식과 제주를 함께 나누어 먹으면서 조상의 음덕을 기린다. 음복할 때 헌관들에게는 편과 생선을 자르지 않은 것으로 내어놓는 것이 특징이다. 또 제사에 참여하지 못한 문중 어른들께는 음복상을 따로 차려 내어 가져다드리는 경우도 있다.

분축

음복

2 오계서원 향사

오계서원의 사우祠宇인 도존사에는 이덕홍과 이시의 위패가 봉안되어 있다. 예전에는 봄, 가을 두 차례에 걸쳐 향사를 봉행했으나, 요즘은 봄 향사만 모시고 있다. 향사일은 4월 둘째 주 일요일에 지내는데, 예안 일대의 유림들이 30여 명 모인다.

향사 당일 오전 9시부터 의관을 정제하고 입도문으로 들어와 시도時到를 작성한다. 시도를 바탕으로 분정 초안을 작성한다. 시도가 끝나면 시도상을 내는데, 멀리서 온 제관들에게 간단한 다과를 낸다. 분정 초안을 원장과 헌관이 확인한 후, 분정판에 분정한다. 이때 축관은 축함을 가지고 와서 축문을 쓴다. 집례執禮가 자리에 서면서 본격적으로 향사가 시작되는데, 여기서는

시도 작성

오계서원 향사 때 사용하는 홀기에 따라 그 향사의 모습을 살펴 보기로 한다.

- 여러 집사는 먼저 외위外位에 나아가시오.
- 알자謁者는 초헌관을 인도하여 진설한 것을 살펴보시오.
- 집사執事는 주독을 열고 덮개를 여시오.
- 알자와 찬인贊引은 각기 헌관을 인도해 외위에 나아가시오.
- 찬인은 축관 및 여러 집사를 인도해 배위拜位에 들어가시오.
- 두 번 절하고 국궁하였다가, 두 번 절하고 평신하시오.
- 찬인은 축관 및 여러 집사를 인도하여 관세위盥洗位에 나아가시오.
- 손을 씻으시오.

- 각기 자리로 나아가시오.
- 알자 및 찬인은 각기 헌관을 인도하여 배위에 들어가시오.
- 두 번 절하고 국궁하였다가, 두 번 절하고 평신하시오.
- 알자는 초헌관을 인도하여 관세위에 나아가시오.
- 손을 씻으시오.
- 인도하여 간재 이 선생 신위 앞에 나아가 꿇어앉으시오.
- 향을 세 번 올리시오.
- 부복하고 일어나시오.
- 다음으로 선오당 선생 이 공 신위 앞에 나아가 꿇어앉으시오.
- 향을 세 번 올리시오.
- 부복하고 일어나시오.
- 인도하여 내려와 제자리로 돌아가시오.

행초헌례行初獻禮

- 알자는 초헌관을 인도하여 준소樽所에 나아가시오.
- 인도하여 간재 이 선생 신위 앞에 나아가 꿇어앉으시오.
- 잔을 드리시오.
- 부복하였다가 일어나시오.
- 조금 물러나 꿇어앉으시오.
- 축을 읽으시오.
- 부복하였다가 일어나시오.
- 다음으로 선오당 이 공 신위 앞에 나아가 꿇어앉으시오.
- 잔을 드리시오.
- 부복하였다가 일어나시오.
- 조금 물러나 꿇어앉으시오.
- 축을 읽으시오.

행초헌례

- 부복하였다가 일어나시오.
- 인도하여 내려와 제자리에 돌아가시오.

행아헌례行亞獻禮

- 찬인은 아헌관을 인도하여 관세위에 나아가시오.
- 손을 씻으시오.
- 준소에 나아가시오.
- 인도하여 간재 이 선생 신위 앞에 나아가 꿇어앉으시오.
- 잔을 드리시오.
- 부복하였다가 일어나시오.
- 다음으로 선오당 이 공 신위 앞에 나아가 꿇어앉으시오.

행아헌례

행종헌례

- 잔을 드리시오.
- 부복하였다가 일어나시오.
- 인도하여 내려와 제자리에 돌아가시오.

행종헌례行終獻禮

- 찬인은 종헌관을 인도하여 관세위에 나아가시오.
- 손을 씻으시오.
- 준소에 나아가시오.
- 인도하여 간재 이 선생 신위 앞에 나아가 꿇어앉으시오.
- 잔을 드리시오.
- 부복하였다가 일어나시오.
- 다음으로 선오당 이 공 신위 앞에 나아가 꿇어앉으시오.
- 잔을 드리시오.
- 부복하였다가 일어나시오.
- 인도하여 내려와 제자리에 돌아가시오.

행음복례行飮福禮

- 집사는 준소에 나아가시오.
- 복주福酒를 잔에 따르시오.
- 집사는 나아가 신위 앞에 진설된 조육胙肉을 덜어 내시오.
- 알자는 초헌관을 인도하여 음복위飮福位에 나아가시오.
- 북쪽을 향해 꿇어앉으시오.
- 집사는 헌관의 왼쪽에 나아가시오.
- 잔을 헌관에게 드리시오.
- 헌관은 잔을 들어 다 마시시오.
- 집사는 빈 잔을 받으시오.
- 집사는 북쪽을 향해 헌관에게 조육을 드리시오.

행음복례

행망예례

- 헌관은 조육을 받아 집사에게 주시오.
- 부복하였다가 일어나시오.
- 인도하여 내려와 제자리로 돌아가시오.
- 헌관은 모두 두 번 절하고 국궁하였다가 두 번 절하고 평신하시오.

철변두撤籩豆

- 축관은 들어가 변두籩豆를 거두시오.
- 배위에 있는 자들은 모두 두 번 절하고 국궁하였다가 두 번 절하고 평신하시오.

행망예례行望瘞禮

- 알자는 초헌관을 인도하여 망예위望瘞位에 나아가시오.
- 북쪽을 향해 서시오.
- 축관은 축판을 가지고 서쪽 계단으로 내려가 구덩이에 묻으시오.
- 인도하여 내려와 제자리에 돌아가시오.
- 알자는 초헌관을, 찬인은 헌관을 인도하여 차례로 나가시오.
- 축관 및 여러 집사는 모두 배위에 돌아가시오.
- 두 번 절하고 국궁하였다가 두 번 절하고 평신하시오.
- 차례로 나가시오.

홀기에 따른 절차가 모두 끝나면 음복을 한다. 모든 제관이 3순배巡杯를 한 후에 선조에 대한 덕담을 나눈다. 향사를 마친 후에는 명륜당에서 서원 현안에 대한 논의를 진행하고, 다음 해 상유사上有司에게 보낼 망기를 쓰는 것으로 모든 절차가 마무리된다.

		右四豆 우사두	神位 신위	左四籩 좌사변	
魚醢 어해	鹿醢 녹해	簋黍 궤서	簠稻 보도	魚脯 어포	鹿脯 녹포
菁菹 청저	韭菹 구저		腥俎 성조	乾棗 건조	黃栗 황율
燭 촉					燭 촉
		香爐 향로		香榼 향합	
爵 작			爵 작		爵 작

오계서원 향사 진설도(문중 제공)

제6장

종손의 삶과 생각

종손의
삶과 생각

1 종가를 유지해 오다

간재종가의 15대 종손 이승영은 1966년생이다. 공대 출신인 그가 대학을 졸업하고 직장 생활을 시작한 지 얼마 되지 않아 아버지가 돌아가셨다. 그는 아무 마음의 준비도 없이 종손이 되었다고 한다. 그 당시에는 '내가 이걸 할 수 있을까?' 하는 걱정이 많았다고 회상한다. 종가에서 부모님이 살아 내신 삶의 모습이 결코 녹록하게 여겨지지 않았기 때문이다.

아버지는 양자로 종가에 들어오셨다. 강직하고 엄하셨던 아버지는 '뭐든지 똑바로 하라.'는 가르침을 주셨다. 세무서와 법원에서 근무하기도 하셨던 아버지는 노년에 중풍으로 7년 넘게 누워 계시다 돌아가셨다. 그런 가정을 돌보며, 농사며 집안 대소사를 맡아 치러야 했던 어머니의 고단했던 삶을 종손은 이렇게 이야기한다.

> 특히 제가 어릴 때부터 이 집에서 크고 자랐지만, 저희 어머님께서 하신 걸 보면 참 종부가 힘들구나 하는 걸 느꼈는데, 항상 이 집에 손님이 안 끊어졌어요. 손님이 안 끊어져서 제가 학교만 갔다 오면 아버지가 계시고 손님이 오시면 엄마가 밭에서 일하다가 손님 접대하고, 항상 그것만 보고 커왔습니다. 참 고생을 많이 하셨지요. (녹취자료 제공: 영남문화연구원)

종손의 어머니 이원향李源香은 진성이씨로 예안면 부포리에서 스무 살 되던 해에 동갑인 종손 이원구李元九와 혼인했다고 한다. 간재종가의 오늘이 있기까지 문중의 관심과 지원뿐만 아니라, 14대 종부 이원향의 헌신적인 삶도 한몫을 했다. 1998년에 작고한 14대 종부의 올곧은 삶은 매일신문 인터뷰 기사(1994. 12. 29. 〈종부(43)〉)에서 찾아볼 수 있었다.

이원향은 작은 체구에 대쪽 같은 성품이었다고 한다. 자식들에게는 온화한 어머니였지만, 살림이 없어 힘들었고 많은 책임감으로 마음 편할 날이 없었다. 그럼에도 고생을 감내하며 집안에 대한 자부심 하나로 꼿꼿하게 살아 낸 강인한 성품의 소유자였다. 그런 이원향도 처음 혼인 말이 오갔을 때는 종가로 시집가지 않으려고 며칠을 울었다고 한다. 그러나 모든 것을 운명으로 여기며, 종부로서 소임을 묵묵히 해냈다. 시집온 그해 동네에 장티푸스가 돌아 생가와 양가 어른이 한 분씩 돌아가셨다. 삼년상을

간재종가 14대 종부 이원향

모시며 초하루와 보름 삭망 때면 산소까지 음식을 들고 가 지극 정성으로 상례를 다했다. 불천위를 포함해 일 년에 14번의 제사 때도 제주를 직접 담가 썼다. 집에서 밀주를 담는다고 세무서에서 벌금을 물리기도 했지만 제사 음식은 뭐든지 집에서 직접 손으로 만들어 정성을 다해야 한다고 생각했다. 그만큼 고집스럽게 종가의 전통을 지키며 살았다.

현재의 종택을 새롭게 지었을 때 종부 이원향은 가장 좋았다고 한다. 시집올 때 마루 밑으로 사람들이 지나다닐 정도로 높은 집이었지만 너무 오래되어 기울어졌다고 한다. 그래서 예안면이 수몰되자 그곳의 고가古家를 사서 옮겨 와 새로 종택을 지었다. 옮겨 온 고가는 친정 동네에 있던 집으로 어린 시절 '이런 집에서 한 번 살아 봤으면' 하고 바라던 그 집이어서 그 인연에 무척 놀라기도 했다고 한다.

이원향이 힘든 종부의 길을 잘 헤쳐 나간 원동력은 불천위 간재 이덕홍 선생에 대한 숭모의식, 그리고 종부로서의 넉넉한 마음가짐이었다. 이원향은 불천위 선조의 학문과 지혜를 자랑으로 여겼다. 선조 11년 이름난 선비 9명을 등용할 때 제4위로 뽑혔고, 임진왜란이 일어나자 왕을 의주까지 호송하여 그 공으로 나중에 이조참판에 추증되었다며 자부심을 드러내기도 했다. 또한 왜구의 침략에 대비해 거북선과 같은 모형을 그려 왕에게 올리기도 했으니, 거북선의 원조는 간재 할아버지부터라고 믿고 있었다. 이원향은 그만큼 학문으로 명망이 높았던 불천위 선조에 대한 자긍심이 컸다. 또한 그녀는 '다시 태어나도 종부로 태어나 무엇이든지 돈 걱정하지 않고 넉넉하게 주고 싶은 만큼 지손들에게 할 수 있다면 다시 바랄 것이 없다.'는 큰집 사람으로서의 소망을 밝히기도 했다.

이처럼 불천위 선조에 대한 숭모의식, 종부로서의 강인함과 정성스러운 마음이 빚어낸 이원향의 삶은 자신은 맑은 향기를 토하는 지도 모르는 것이었으나, 그 향기로움이 은은하게 퍼져나가 오늘의 간재종가가 굳건할 수 있게 해 주었다.

종손의
삶과 생각

2 종손, 다음을 준비하다

간재종가 15대 종손 이승영(66년생)은 종가의 어려운 살림을 꾸려 온 강인한 어머니의 모습을 보면서 성장했다. 그래서인지 그는 종가에 걸맞은 종손이 되기 위해 노력하고 애쓰는 모습을 많이 보여 주었다. 그에게 어린 시절을 물어보았다. 그는 어린 시절 아버지가 너무 엄하셔서 무엇을 물어보는 것도 그 앞에서 말을 하는 것도 어렵기만 했다고 기억했다. 어릴 때 아버지는 한자를 가르치시면 쓰는 방법을 하나하나 가르쳐주셨다. 글씨는 또박또박하게 써야 했고, 가르쳐 준 방식에 따라 한자를 쓰지 못하면 그 자리에서 매를 맞기도 했다. 하지만 특별히 종손 교육을 따로 받지는 않았다고 한다.

간재종가 15대 종손 이승영

그는 문중 어른들로부터 불천위 간재 이덕홍 선생의 이야기를 들으며 성장했다. 퇴계 선생의 수제자였으며, 부모님에게는 효자였고, 귀갑선도龜甲船圖를 최초로 기획했기 때문에 이순신 장군이 임진왜란에서 뛰어난 전공을 세울 수 있었다는 이야기를 자주 들었다고 한다.

퇴계 선생의 제자들이 엄청 많은데, 퇴계 선생의 그 글을 모두 소화 흡수를 한 분이 간재 이덕홍 선생이다. 그래서 퇴계 선생의 모든 서적을 퇴계 선생이 돌아가시기 전에 관리하라는 명을 받으셨고. 그런데 그 서적이 모두 불타 버리고 없습니다. 간재 선생 어머니가 임진왜란 때 돌아가셨는데, 삼년 시묘살이 하시면서 그 서적을 다 가져가셨는데, 불이 나서 퇴계 선생 서적이 모두 불타 버리고 없답니다. 그런 이야기를 어릴 때 성장하면서 어른분들한테 많이 들었어요. 그리고 간재 선조도 임란 때 돌아가셨어요. 역사를 바꾸기는 참 힘들지만, 거북선을 기획한 도면이 있어요. 귀갑선도가 있는데, TV에도 몇 번 나오고 그랬는데, 신문에도 나오고, 지금 보관을 하고 있는데, 참 우리 선조가 거북선을 만들어서 임란 때 왜적을 물리쳤으니까 그보다 큰 공이 없다, 그런데 그 역사를 바꾸기는 참 힘들다 하는 걸, 어릴 때 거북선 만든 그 이야기를 많이 들었습니다. (녹취자료 제공: 영남문화연구원)

종손은 간재 이덕홍 선생의 업적인 귀갑선도 제작이나 임란 때 왜적을 물리치는 방책을 올린 것, 그리고 퇴계 선생의 고제자로서의 면모 등이 책에 소개되어 많은 사람들이 알았으면 하는 바람을 피력하기도 했다. 또한 겸암 류운룡(1539–1601) 선생과의 우정담을 소개하면서 불천위 선조에 대한 자긍심을 은근히 드러내기도 했다.

근데 겸암 선생한테 받은 편지가 있는데, 그걸 읽어 보면 옛날에 간재 선생 때 참 가난했어요. 퇴계 선생 문하에 공부할 때 요즘 같으면 학교 가면 등록금, 학원 가면 학원비를 내지 않습니까, 그 당시에도 그런 돈을 내는데 쌀을 갖다줘야 하는데, 저희 집에서 양식이 없어서 공부를 참 어렵게 했습니다. 그래 겸암 선생 편지 내용을 보면, 겸암 선생 집에서 이 집에 양식을 계속 갖다줬어요. 겸암 선생이 우리 간재 할배하고 항상 공부를 같이 하고 싶어 했어요. 그래서 겸암 선생이 등록금을 대신 대납해 주고, 우리 집에 쌀이 떨어지지 않게 도와주고 그랬답니다. (녹취자료 제공: 영남문화연구원)

간재종가 15대 종부 김미숙

이처럼 종가 사람들은 훌륭한 불천위 선조를 모시고 살아간다는 자부심을 가지고 있지만, 요즘 종가의 종손들은 현실적으로 부모세대와 달리 혼인의 어려움이 많다. 큰집 지키기, 빈번한 제사, 찾아오는 다양한 손님 접대 등을 감당할 만한 인내와 넉넉한 품성은 전통 세대의 덕목처럼 여겨지는 것이 사실이다. 누구나 편리한 삶을 추구하고, 자신의 여유를 즐기기를 바라는 개인주의의 시대가 되었다. 이러한 시대의 서막인 산업화 시대에 태어나 성장한 종손이기에 배우자 만나기도 쉽지 않았을 것이라 짐작하고 질문해 보았다. 그런데 뜻밖에도 혼인하는 데 어려움이 전혀 없었다는 것이다. 종부 김미숙(68년생)은 안동김씨 보백당 선생 지하로 안동 임하면 오대에서 성장했다고 한다. 유가의 가풍이 강한 집안 환경에서 자랐고, 장인이 오계서원 향사에 참석하면서 집안끼리 자연스럽게 교유하게 되어 혼인이 이루어졌다고 한다.

종손은 그렇게 문화적 환경이 비슷한 배우자를 만났고, 대를 이어갈 아들도 두었다. 하지만 종손은 아내에게는 늘 미안한 마음과 고맙고 안타까운 마음이 크다고 털어놓았다. 그러면서 다음 세대인 아들에게 종손 역할을 어떻게 가르쳐야 할지 걱정이라고 하며, 종가의 문화와 가풍을 교육하는 것이 쉽지 않다고 했다. 대학교 1학년인 아들은 의료과학을 전공하고 있다. 아직 학생 신분이라 종가 문화에 대해 이것저것 가르치기보다 불천위 선조와 관련해 이야기해 주는 정도라고 했다. 간재 선조가 왜 퇴계 이황 선생의 수제자인지, 임란 때 어떤 공적을 쌓았는지에 대해 아들에게 들려주며, 아들이 간재종가의 전통을 소중하게 이어 가기를 바라고 있다.

본인이 이어 가야 되고, 본인 생각에 달렸는데, 내 죽고 나면 아들이 물려받고 계속 이끌어 가야지요. 저는 그 교육을 앞으로 계속 시킬 겁니다. 지금은 학생이어서 그 교육이 안 맞을 것 같고, 얘도 결혼도 하고 하면 모든 하나하나의 교육을 어떤 일이 있으면 모두 참석하게 해서 '이런 일이 있으면 너도 앞으로 이런 일을 잘 이끌어가라. 끝까지 유지를 해야지.' 하는 이런 교육을 시키고 싶어요. 교육도 때와 시기가 있다고 봐요. 그래서 때가 되면 옛날 어른 분들이 하던

간재종가 15대 종손과 문중 어른들 면담

그대로, 우리 집에서 내려오는 행사라든가 모든 걸 그대로 해 줬으면 하는 그런 교육을 시키고 싶습니다. (녹취자료 제공: 영남문화연구원)

마음의 준비도 덜 된 상태에서 종손이 되었던 자신의 어려움을 아들은 겪지 않기를 바라는 아버지의 마음이 묻어났다. 그는 부모님이 모두 돌아가시고 난 후로부터 10여 년이 지난 2008년 가을 문중의 뜻에 따라 길사吉祀를 지냈다. 그때부터 종손의 책무를 다하기 위해 본격적으로 필요한 공부를 시작했다. 서실에 나가 오랜 시간을 보내며 꾸준히 붓글씨도 쓰고, 한문공부에 대한 열의도 더욱 키웠다고 한다. 또 대외활동도 열심이다. 다른 종중의 행사는 빠지지 않고 참여하며, 영종회 활동도 적극적이다. 특히 영종회(경상북도 종손 모임)에 나가면 다른 문중의 이야기를 많이 들을 수 있고, 궁금한 것을 질문해서 배울 수 있어 종손 역할을 하는 데에 도움이 많이 된다고 했다.

이처럼 종손이 적극적으로 대외활동에 전념할 수 있는 것은 문중 어른들이 그의 든든한 후원자이기 때문이다. 간재종가의 문중은 종가에서 소요되는 모든 경비를 지원한다. 또한 차종손이 대학에 들어갈 때도 등록금을 문중(종중)에서 내주었다고 한다. 그러면서 종가의 자랑은 문중의 단합된 힘으로 간재종가의 전통을 그대로 이어오고 있는 것이라 했다.

어느 문중이나 다 단합이 잘 되는데, 우리 종중도 옛날 그대로 소화 흡수하고 그 전통을 지키고 제가 어릴 때 봐왔던 걸 그대로 변함이 없습니다. 지금 젊은 사람들 참여율이 저조한 것은 있지만, 우리 어른 분들이 옛날 것을 그대로 유지하고 지키고 있는 거 그게 자랑이지요. 모든 문서 관리, 봉제사, 접빈객, 제례, 향사 등에서 바뀐 것은 없습니다. (녹취자료 제공: 영남문화연구원)

간재종가의 이러한 전통을 변함없이 이어 가야 한다고 종손 이승영은 강조한다. 불천위 종가는 특히 봉제사 접빈객이 가장 중요하며, 부모님이 그래 왔듯이 자신도 어른들이 하시던 걸 그대로 유지할 것이며, 아들도 그렇게 하도록 교육할 것이라 했다. 불천위 제례는 종가의 전통과 정신을 드러내는 중요한 지표이다. 종손은 불천위 제례의 전통은 옛 방식 그대로 이어 가야 한다는 입장이다. 하지만, 이 전통을 지속하기 위해 제례 시간 조정은 불가피했다고 털어놓는다. 간재종가는 2년 전부터 파젯날 저녁 7시로 제사 시간을 변경해 지내고 있다. 이 또한 불천위 종가의 전통을 이어 가고자 하는 후손들의 의지라 볼 수 있을 것이다. 종손의 이야기를 들어보자.

불천위 종가 하면 봉제사 접빈객이 가장 중요한 건데, 저도 커 오면서 아버지 어머니가 봉제사 접빈객하는 걸 쭉 봐 왔고, 그걸 그대로 유지를 하려고 하고. 제가 자식한테 교육을 시킬 것은 지킬 것은 지켜라. 부모님한테 물려받은 것은 보존할 것은 영구 보존해야 한다. 불천위 집은 어쩔 방법이 없다는 걸 교육을 시켜야지요. (제사의 횟수를 줄일 계획은 없으신지요?) 횟수는 줄일 생각이 없습니다. (1년에 제사를 몇 번 지내세요?) 우리가 묘사가 많아서 정확하게 말씀드리기는 어려운데, 제사를 다 따지면 날로 따지면 한 20번 정도 됩니다. 또 간재 할배 아랫대 선오당 할배, 봉사공 할배, 구자 노자 할배 그 묘사를 우리 집안에서 다 모여서 지내는데, 그분들이 다 벼슬을 하셨어요. 그래 그 토지가 아직 남아 있어요. 그래서 우리가 다 제사를 모시고 있습니다. 근데, 우리가 시간을 바꾼 것은 옛날에는 12시에 지내도 어른 분들이 갓을 쓰고 마루가 빽빽하게 앉아 계셨는데, 지금 세월이 흐르다 보니까 어른 분들이 다 돌아가시고, 객지 생활도 많이 하고, 집도 비고 하니까 제사 참석률이 저조한데, 이래서는 안 되겠다 해서 시간을 좀 바꿔서 제관들 한 명이라도 더 오게 하자 해서 시간을 바꾼 겁니다. 안동이나 영주 봉화에 우리 일가들이 많이 사는데, 더군다나 젊은 사람들 참여율도 높여야 되고 해서 시간을 그렇게 바꿨어요. (녹취자료 제공: 영남문화연구원)

이 말 속에서 현재 종손이 느끼는 어려움을 미루어 볼 수 있다. 지손들이 종가 행사에 어떻게 하면 좀 더 많이 참여할 수 있을지 다양한 방법을 모색하는 것이 현재 종가를 지키는 종손들의 과제이기도 하다. 문중이 단합해 종가를 지원해 주고 있지만, 옛날 부모님 세대에 비해 종가 행사에 지손들의 저조한 참여율은 조금 아쉽다고 했다. 종손은 앞으로 시간이 지나면서 지손들과 융합이 덜 이루어지지 않을까 걱정이라고 했다. 그렇기 때문에 그는 더욱 문중을 화합하고 이끌어 나갈 수 있는 종손이 되기 위해 노력하고 있다. 후손들을 결집하기 위해 그는 정기적인 교육 프로그램을 계획하고 있다. 오계서원을 활용해 1년에 한 번 집안의 젊은 사람들을 대상으로 간재 이덕홍 선생의 삶과 생각을 공부할 수 있는 여건을 만드는 것을 의논 중이라고 했다.

옛날 어른 분들은 간재 할배에 대해 많이 알고, 책도 보고 하지만, 젊은 사람들은 솔직히 책을 안 봐요. 책을 보고 이분이 뭘 했고, 공부는 무슨 공부를 했고, 무슨 업적을 쌓고 했는지 이런 걸 알아야 되는데, 몰라요. 잘 몰라서 서원에서 젊은 사람 모아 놓고 1년에 한 번씩 교육을 하자 이런 얘기만 나오고 있습니다. 그래서 우리가 간재 할배에 대해 공부할 수 있는 책을 만들자. 대학생들도 많으니까 휴가철도 있고 하니까 여름방학이 안 좋겠나. 그런 계획을 잡고 있습니다. (녹취자료 제공: 영남문화연구원)

지손들과 잘 융합해 순탄하게 문중을 이끌고 싶다는 종손은 이러한 교육 프로그램뿐만 아니라 학술대회를 기획하고 있다. 인터뷰 당시(2017. 11. 4.)에는 행사를 준비하는 중이라고 짧게 언급했지만, 2018년 7월 11일 한국국학진흥원 주최로 개최된 학술대회 진행 상황을 소개한 경북일보의 오종명 기자의 기사는 종손이 대중들에게 알리고 싶어 했던 간재 이덕홍 선생의 면모를 잘 드러내 주고 있다.

종손이 늘 아쉬워하던 부분은 불천위 선조의 업적이나 면모가 대중들에게 많이 알려지지 못한 것이었다. 그런 점에서 영주시민신문(2016. 05. 16.)에 기고한 강구율 교수(동양대)의 「이덕홍의 생애와 저술」이라는 기사 내용은 일반인들이 좀 더 간재 이덕홍 선생의 면모를 구체적으로 살펴볼 수 있어 참고해 보면 좋을 것이다. 무엇보다 종손이 강조했던 「귀갑선도龜甲船圖」에 관한 내용이 주목된다. 강구율 교수는 "53세(1593)가 되던 정월 행재소行在所에 나아가 선조宣祖에게 왜구를 방어할 수 있는 대책을 상소하는 「상행재소上行在疏」를 올렸는데, 이 상소문에서 유명한 「귀갑선도」의 제작을 진언하며 바다에는 귀선龜船을 사용하고 육지에서는 귀거龜車를 사용하자고 건의하였다."라고 소개한다. 간재 이덕홍 선생의 마지막 순간 역시 오늘 우리에게 울림을 준다. 간재 이덕홍 선생은 54세 되던 해인 1594년 12월 모친상을 당하여 사직한다. 그리고 삼년상을 치르면서 그 지극한 슬픔으로 몸이 쇠약해져 병을 얻게 되었다. 결국 56세 되던 해인 1596년 2월 19일 시묘살이 도중 별세하였다. 종손은 이 일화를 언급하며 간재 이덕홍 선생의 지극한 효심을 강조하기도 했다.

그러면서 종손은 불천위 선조가 남긴 집안의 가훈家訓을 들려주었다. 그 가훈을 새기며 뭐든지 열심히 해야겠다는 다짐을 하곤 한다고 했다. 종손이 소개한 가훈은 언학言學과 논학論學으로 구성되어 있다. 언학은 "학문연마는 항상 부지런해야 하고, 마음 둠을 없애면 저절로 아름다우리[講學直當恒勉勉 處心除是自休休], 요임금과 우임금의 짧은 시간 내 아까워하고, 공자와 주공의 뜻 누가 다시 구하리[陶分禹村吾須惜 孔思周情孰更求]."이며, 논학은 "쇄소공부는 이 역시 행실이니, 행실로 인해 근본이 서고 지혜도 밝아진다네[灑掃工夫是亦行 本從行立智兼明], 날마다 연구하여 의심이 없어진다면, 관통되어 성의의 문에 들어가고도 남으리라[日研窮明無疑處 剩得開關入意誠]."라고 소개한다. 이 가훈은 정신문화연구원에 보관된 책에서 우연히 발견했다고 하며, 나름대로 배워 해석해두고 늘 새길 만큼 소중하게 생각하고 있다고 했다.

종손 이승영은 유교사상이 없었다면 우리 사회가 이렇게 유지되지 못했을 것이라고 하였다. 종가가 실천해 보여 주는 봉제사와 접빈객의 문화 속에는 그러한 유교사상이 오롯이 담겨 있다는 점을 강조한다. 종손은 이런 문화를 통해 실천되는 정신이 우리 사회가 잘 형성되고 건전하게 유지되게 하는 원동력이라고 하였다. 그러면서 유교사상 안에 우리가 행복해질 수 있는 비결이 있다는 것을 거듭 강조하였다.

우리가 생활을 하면서 모든 사람들이 행복하면 좋겠어요. 그 행복을 찾으려면 우리의 전통을 지켜 나가야 한다. 우리 옛날 어른들 선조께서 하신 말씀을 그대로 이어받으면 언젠가는 그 삶이 행복해진다는 걸 가르쳐 주고 싶어요. 그 행복이 우리 유교사상에 박혀져 있는 것 같아요. (녹취자료 제공: 영남문화연구원)

이처럼 간재종가 종손 이승영은 부모님 세대가 어려움 속에서도 꿋꿋하게 지켜 온 종가의 전통을 그대로 이어 갈 수 있는 종손다운 역량을 키우기 위해 자신을 부단히 연마하고 있다. 또한 불천위 선조의 업적과 면모를 알리기 위해 적극적으로 노력하고 있다. 한국국학진흥원 주최의 학술행사가 성황리에 이루어지기까지에도 보이지 않는 곳에서 애쓴 종손과 문중 사람들의 합심이 있었을 것이다. 간재종가의 종손은 문중의 든든한 지원을 받으며 가문의 전통을 보존하기 위해 다음을 준비하고 있다.

참고문헌

李德弘, 『艮齋集』

李彦迪, 『晦齋集』

李葴, 『天遊遺稿』, 한국국학진흥원 연구자료 영인총서 14, 도서출판 영남사, 2015.

李滉, 『退溪集』

安東永川李氏 習讀公派關聯資料集

永川李氏少尹公派譜

김우동 역, 『국역 간재집』 2, 한국국학진흥원, 2018.

이재곤 편저, 『오계서원』, 도서출판 한빛, 2008.

장재호 역, 『국역 간재집』 1, 한국국학진흥원, 2018.

강구율, 「이덕홍의 생애와 저술」, 영주시민신문, 2016.

강현진, 「艮齋 李德弘의 『大學』 解釋 硏究」, 경산대학교 석사학위논문, 2005.

경북일보, 「퇴계 제자 이덕홍, 임진왜란 때 귀갑선 건조 제안」, 2018.

권역별거점연구소 협동번역사업팀 편, 『간재 이덕홍의 학문과 사유세계』, 한국국학진흥원, 형제, 2018.

김채식, 「『천유유고』 해제」, 『天遊遺稿』, 한국국학진흥원, 도서출판 영남사, 2015.

박종천, 「간재艮齋 이덕홍李德弘의 예학禮學」, 『국학연구』 34, 한국국학진흥원, 2017.

안병걸, 「退溪學派의 四書註說考」, 『安東文化』 8, 安東大學附設 安東文化硏究所, 1987.

엄연석,「간재 이덕홍의 이기심성론과 역학의 특징」,『퇴계학보』114, 퇴계학연구원, 2003.

이재곤,『艮齋 李德弘의 註釋書 撰述과 壬亂 克服意識』, 안동대학교 석사학위논문, 2000.

이재곤,「艮齋 李德弘의『溪山記善錄』內容 分析」,『東洋禮學』17, 동양예학회, 2011.

이재곤,「퇴계문인으로서의 간재 이덕홍의 위상」,『간재 이덕홍의 학문과 사유세계』, 한국국학진흥원, 형제, 2018.

전재동,「간재艮齋 이덕홍李德弘의『사서질의四書質疑』연구研究: 이본異本 검토檢討와『논어論語』해석解釋을 중심中心으로」,『퇴계학논집』1, 영남퇴계학연구원, 2007.

정병호,「해제-이덕홍의 생애와 저술」,『간재집』1·2, 한국국학진흥원, 2018.

정진술,「거북선의 유래와 간재 이덕홍의 귀갑선」,『간재 이덕홍의 학문과 사유세계』, 한국국학진흥원, 형제, 2018.

최종호,「간재 이덕홍의 시세계」,『간재 이덕홍의 학문과 사유세계』, 한국국학진흥원, 형제, 2018.

지은이

권 진 호 權鎭浩

경상북도 안동에서 태어나 안동대학교 한문학과를 졸업하고, 성균관대학교 대학원 한문학과에서 석사학위와 박사학위를 취득하였다. 현재 한국국학진흥원 연구부장으로 재직하고 있다. 조선 후기 지식인의 문학사상에 관심을 가지고 있다. 저·역서로는『19세기 영남학파의 종장, 정재 류치명의 삶과 학문』(저서),『국역 상변통고(10권)』(공역),『국역 가례증해(6권)』(공역) 등이 있으며, 논문으로는「한강 정구의 정주학 수용양상」,「영남학파의 주자가례 수용양상」등이 있다.

경북의 종가문화 48

학문과 과학에 뛰어난
계문의 고제,

안동 간재 이덕홍 종가

찍은 날 2018년 11월 5일
펴낸 날 2018년 11월 12일

기획 경상북도 · 경북대학교 영남문화연구원
지은이 권진호
펴낸이 김상동
펴낸 곳 경북대학교출판부
출판등록 1973년 10월 10일 ㉣97호
주소 대구광역시 북구 대학로 80
전화 053-950-6741~3
팩스 053-953-4692
이메일 press@knu.ac.kr
홈페이지 http://knupress.com

ISBN 978-89-7180-500-8 94900
978-89-7180-498-8 (세트)

정가는 뒤표지에 있습니다. 파본은 바꾸어 드립니다.